# 学校管理优化发展研究

郭臻琦 著

中国商务出版社
CHINA COMMERCE AND TRADE PRESS

图书在版编目（CIP）数据

学校管理优化发展研究 / 郭臻琦著. -- 北京：中国商务出版社，2023.1

ISBN 978-7-5103-4594-4

Ⅰ．①学… Ⅱ．①郭… Ⅲ．①学校管理－研究 Ⅳ．①G47

中国版本图书馆CIP数据核字(2022)第248964号

## 学校管理优化发展研究
XUEXIAO GUANLI YOUHUA FAZHAN YANJIU

郭臻琦　著

| | |
|---|---|
| 出　　版：中国商务出版社 | |
| 地　　址：北京市东城区安外东后巷28号 | 邮　编：100710 |
| 责任部门：发展事业部（010-64218072） | |
| 责任编辑：周青 | |
| 直销客服：010- 64515210 | |
| 总 发 行：中国商务出版社发行部（010-64208388　64515150　） | |
| 网购零售：中国商务出版社淘宝店（010-64286917） | |
| 网　　址：http://www.cctpress.com | |
| 网　　店：https://shop595663922.taobao.com | |
| 邮　　箱：295402859@qq.com | |
| 排　　版：北京宏进时代出版策划有限公司 | |
| 印　　刷：廊坊市广阳区九洲印刷厂 | |
| 开　　本：787毫米×1092毫米　1/16 | |
| 印　　张：10.25 | 字　数：200千字 |
| 版　　次：2023年2月第1版 | 印　次：2023年2月第1次印刷 |
| 书　　号：ISBN 978-7-5103-4594-4 | |
| 定　　价：63.00元 | |

凡所购本版图书如有印装质量问题，请与本社印制部联系（电话：010-64248236）

版权所有盗版必究（盗版侵权举报可发邮件到本社邮箱：cctp@cctpress.com）

# 前　言

　　学校就是一个组织。一个具有竞争力的组织，必须具有管理的艺术。随着学校教育现代化进程的推进，学校管理越来越受到教育界的关注。时至今日，校园的管理水平已经成为学校质量评估的重要保障，因此，掌握成熟的管理艺术变得尤为重要。把握好学校管理的艺术能够增强学校的核心竞争力，提高学校的知名度和美誉度，促进学校自主、富有个性地发展，从而使学校向现代化进一步迈进。

　　学校管理及其创新是培养创新人才和促进学校管理的创造性的改革，是改进学校管理、提高学校教育教学质量的重要理念和方法，也是促进教育改革与学校发展的重要策略、途径和手段。其实质是对办学资源的拓宽、提升和优化组合，形成新的管理格局，以提高管理效率，促进和保障创新人才的培养。学校管理及其创新策略研究的目的不仅是给学校管理人员提供一些管理技能、技巧方面的知识，而且要赋予学校管理知识以"现代精神"的灵魂，以便让学校管理人员借助知识为建设现代社会和现代国家贡献力量。

　　本书首先概述了学校管理的基本概念、基本内容、理论基础、特点与原则以及学校管理的程序与方法，然后详细的分析了学校管理发展与战略规划、学校管理的方法、学校管理的原则以及学校教学管理，之后探讨了学校教师与学生工作的管理创新，最后在学校管理优化创新方面做出重要的讨论。

　　本书在撰写过程中得到了许多专家学者的指导和帮助，在此向他们表示诚挚的谢意。由于笔者水平有限，加之时间仓促，书中有不尽人意处在所难免，欢迎各位读者进行批评指正，以便笔者进一步修改，使之更加完善。

# 目 录

## 第一章　学校管理基本概述 ... 1
- 第一节　学校管理基本概念 ... 1
- 第二节　学校管理的基本内容 ... 4
- 第三节　学校科学管理的理论基础 ... 10
- 第四节　学校管理的特点与原则 ... 16
- 第五节　学校管理的程序与方法 ... 19

## 第二章　学校管理发展与战略规划 ... 23
- 第一节　学校管理发展与创新 ... 23
- 第二节　学校战略管理规划 ... 30

## 第三章　学校管理的方法 ... 49
- 第一节　学校管理的行政方法 ... 49
- 第二节　学校管理的法律方法 ... 52
- 第三节　学校管理的经济方法 ... 55
- 第四节　学校管理的信息技术方法 ... 58
- 第五节　学校管理的思想教育方法 ... 61

## 第四章　学校管理的原则 ... 66
- 第一节　学校管理的基本原则 ... 66
- 第二节　质量管理原则 ... 69
- 第三节　民主管理原则 ... 71
- 第四节　效益性原则 ... 74
- 第五节　激励性原则 ... 77

## 第五章　学校教学管理 ... 81
- 第一节　教学管理的概述 ... 81

第二节　教学计划与教学组织管理 ................................................ 91
　　第三节　教学质量管理 ................................................................ 97
第六章　学校教师与学生工作的管理创新 ........................................ 106
　　第一节　学校教师管理与评价机制 ............................................. 106
　　第二节　学校学生工作管理 ........................................................ 131
　　第三节　学校管理的创新研究 .................................................... 141
第七章　学校管理优化创新 ............................................................. 146
　　第一节　学校管理模式优化策略 ................................................ 146
　　第二节　优化学校内部管理，提升学校办学质量 ...................... 149
　　第三节　智慧学校和教学管理优化 ............................................ 150
**参考文献** .................................................................................... 155

# 第一章　学校管理基本概述

学校管理作为本书的主要研究内容，其包含大量的理论知识。学校管理者需要先了解学校管理的基本知识后，再进一步了解学校学科管理的内容，待有坚实的知识基础后再对其他方面的内容进行深入了解。

## 第一节　学校管理基本概念

### 一、中心词概念界定

#### （一）艺术

商务印书馆出版的《现代汉语词典》（2005年6月第5版）是这样界定艺术这个概念的：（1）用形象来反映现实但比现实有典型性的社会意识形态，包括文学、绘画、雕塑、建筑、音乐、舞蹈、戏剧、电影、曲艺等；（2）指富有创造性的方式、方法；（3）形状独特而美观。

这一段界定语中有三个关键词：形象、创造、美观。

艺术是人类发白内心的创作、行为、原则、方法或表达，一般带有美感，能有超然性和能引起共鸣。它是一门能通过求学、模仿、实践和观察获得的学问。

#### （二）管理的艺术

商务印书馆出版的《现代汉语词典》（2005年6月第5版）又是这样界定管理这个概念的：（1）负责某项工作使之顺利进行；（2）保管和料理；（3）照管并约束。

因此，管理的艺术就应该解释为：应用富有创造性的方式、方法，独特而完美地使所负责的某项工作顺利地进行、更好地开展。

应注意管理工作与管理艺术的区分。一般来说，做管理者较为简单，权力主要来自地位之便，被管理者执行的是行政的指令；而管理的艺术较为复杂，管理者的力量源自其思想、人格魅力和感召力。二者的区别犹如老板和领袖的区别，老板支配众人，让别人被动工作；领袖领导众人，促动别人自觉工作。

### （三）学校管理的艺术

在理解了艺术、管理的艺术这两个概念的基础上，学校管理的艺术就可以理解为：在办学过程中，遵循教育自身的发展规律，以教育科学的严谨态度，应用创造性的思维方式和工作方法，独特而完美地使学校的各项工作顺利进行，不断提高教育教学质量，形成办学特色并得到社会认可的一门学问。

## 二、学校管理的艺术与探索概述

谁进行学校管理？是校长，是以校长为核心的管理团队，是这个管理团队所辐射到的所有人和物。

学校管理是促使其部属充满信心、满怀热情地完成他们任务的艺术。校长的这个"长"不是一个"官"或"官位"，而是一种影响力和能力，是学校改革与发展的"精神领袖"。

校长在学校管理中的工作或职能，归根到底是思想的引领。校长的思想是一面旗帜，引领着学校的发展。一名优秀的校长，必须在领导工作中积累丰富的经验，并使之升华为一定的理性认识，从而形成自己的办学思想和办学理念，并外化为相应的管理措施和实施方案；必须在教育教学改革中勇于探索、不断创新，逐步形成一套较为成熟的办学方略，并在实践中获得成功。这样的校长所领导的学校，必定会在教育质量上取得令人瞩目的成绩，得到社会的认可。

"管理"本身有两个方面的含义，一个是"管"，一个是"理"。学校管理在"管"的同时更应注重"理"，注重对"理"的理解和实践。

学校不同于工厂、医院、部队等其他机构。学校是一个很特殊的场所，它的特殊性在于"原材料"、"生产者"、"产品"都是人，它是文化素质较高、感情世界丰富而个性脆弱、性情内敛、自尊而又自卑的教师和朝气蓬勃、求知欲望强烈、个性差异较大的学生的集合体和聚集地。因此学校管理具有其特殊的规律。作为人群密集的场所，学校必须有良好的秩序、规矩，这就需要"管"：一定的制度约束是非常必要的，适当的行政干预也无可厚非。但刚性的"管"要适时适度适量，更重要的是注重以人为本进行"理"的工作，依据教育的规律和本所学校的校情，因地制宜；依据教师的专业发展和个人特长，用其所长；依据学生的成长特点和个性特征，因材施教，最终达到"理顺外部环境和关系，理得内部眼顺耳顺嘴顺心顺"的理想效果。

## 三、栽苗、种树和育人

新中国成立初期。毛主席为中国农业制定了一个"农业八字宪法",这八个字就是土、肥、水、种、密、保、管、工。可以说,对于农业生产,这八个字到今天仍然发挥着重要的指导作用。

在这里好有一比:农业是种庄稼的,庄稼成熟需要"土、肥、水、种、密、保、管、工";而教育是"种"人的,培养人才,同样需要精耕细作,需要"土、肥、水、种、密、保、管、工"。这里讨论几个类似的问题。

其一,土壤问题——学校管理的文化基础

满目黄土不比长三角的富庶,雪域高原难有两广的瓜果飘香。同样的道理,学校里无论是校长管、教师教还是学生学,所从事的一切教育教学活动都是在特有的文化基础和文化环境中进行的。这是学校开展教育教学活动的根基。

儒家思想对我国的教育有着深刻的影响。孔子门下弟子三千,他们总结出很多行之有效的教育方法,如"温故而知新"、"三人行,必有我师"、"学而不思则罔,思而不学则殆"等。孔子被后世尊称为"万世师表",台湾更将"孔圣诞"定为"教师节"。注重教育是儒家思想也是华人的基本价值观之一。

其二,气候问题——学校管理的政治意义

儒学的核心是仁和礼。仁,就是爱人,就是以"爱人"之心,推行仁政,使社会各阶层的人们都享有生存和幸福的权利。礼,就是社会的道德秩序,就是用"正名"即道德教化的方法,使社会各阶层的人们对自身社会地位有稳定的道德认可和道德定位。仁的作用是使民无造反之必要,礼的作用是使民无造反之意识。

儒学的真谛是仁礼一体。不讲究仁,只讲究礼,人民就会反抗其统治;不讲究礼,只讲究仁,人民就会轻慢其统治,即人民不受道德约束,就会由思想上的无政府状态引发现实中的无政府状态。所以,仁和礼是一刻也不可以分开的,这就叫作仁礼一体。

人民普遍享有生存和幸福的权利,就没有造反作乱的必要;人民普遍认可社会的道德秩序,普遍遵守符合自身社会地位的道德规范,造反作乱就没有道德依据,即没有意识形态的基础。人民既没有造反作乱的必要,又没有造反作乱的意识,社会就可以长治久安。

学校培养人才,是传承文化、发展经济、维系社会、巩固政权的前奏。国家大一统的实现,教育是非常重要的一个环节。

其三,种子问题——学校管理的保障目的

学校要有人管,学生要有人管。管的目的是为了施教,学校是施教的场所。施教的内容有四个方面:主义,即国家意志;道义,即社会准则;社会,即文史知识;科技,即自然知识。这四个方面,好比种子。学校管理、学校施教是为这四个方面服务的,是为"种子"能够生根、发芽、开花、结果服务的。

其四，耕作问题——学校管理的发展作用

学校管理的过程就是一个"理"的过程。《古汉语常用字字典》（商务印书馆1978年9月1版）解释：理，雕琢，加工玉石。《韩非子·和氏》曰："使玉人理其璞而得宝焉。"玉人：加工玉石的工匠；璞：没有雕琢加工的玉石。《现代汉语词典》的解释：理，道理，事理；管理，办理；对别人语言行动表示态度；表示意见。

综上所述，学校管理，就是让教育的"玉人"，将一个个鲜活的"璞"，精心雕琢为社会之"宝"。而这个"得宝"的过程，就是学校管理的艺术所在。

# 第二节 学校管理的基本内容

学校管理活动是提高学校教育活动有效性的重要途径之一，科学的学校管理将为师生提供愉快的学习与工作环境。因此，什么是学校管理、谁是学校管理者、学校管理要研究什么、怎样研究学校管理等问题，是学校管理研究首先要解决的。管理是一种古老的活动，是人类社会的基本活动方式之一，它存在于现实生活之中，也存在于学校活动之中。在学校中，不仅有人们熟悉的教育活动，也有对教育活动起着重要影响作用的管理活动。因此，随着学校教育活动的研究越来越深入，学校管理活动研究也正在吸引着越来越多的有志者参与其中。人们在思考着：怎样的学校管理活动才能使教师和学生感到幸福愉快，怎样的学校管理活动才能提高教育的有效性。

## 一、学校管理的内涵

团队成员共同努力使团队更科学、更合理、更有效地完成任务的过程就叫作管理。学校管理就是学校的管理人员对学校的所有资源进行有计划、有条理的科学管理的过程，目的是贯彻教育方针、实现培养目标和提升教学质量。学校工作始终伴随着两条线来展开。第一条线是学校的教育活动，主要发生在教师和学生两者之间。教育活动是通过教育者依靠某种社会所需或者受教育者的发展情况而进行的一种教育实践活动，它的特点就是受教育者会受到直接的影响。第二条线就是学校的管理活动，其特点是受教育者会受到这一活动的直接或者间接的影响，这种活动是依靠学校的管理人员对学校教育活动进行有计划有组织的科学指导和管理来开展的。因此，对于学校而言，教育活动和管理活动显然不一样，它们都有着各自的作用。教育活动是学校实现培养目标的关键性实践活动，而管理活动是在教育活动开展过程中能够起到辅助和补充作用。可见，学校教育活动和管理活动两者同等重要，缺一不可。学校管理活动在施行过程中会出现诸多问题，因为学校管理者在此过程中会运用多种方式和手段来应对不同的学生和教师的个体，出现问题在所难免。这些问题会引发人们对学校管理的思考，启发人们寻找更全面的方法、采取更有效的措施去指引学校管理活动走向更科学、更合理的方向。

## 二、研究学校管理构目的

第一，研究学校管理的目的是发现和认识学校管理规律。研究学校管理离不开对学校管理现象的认识，而对学校管理现象的认识则有助于发现和认识学校管理的客观规律。学校管理过程中出现的诸多学校管理现象，能够体现出其自身发展的内在逻辑，并且造成学校管理现象在某种程度上反复出现，同时能够反映出这些现象的变化趋势。学校管理现象不受学校管理者的态度和思想的控制，它具有稳定和呈规律的特性。因此，学校管理者可以深入分析学校管理现象的发展趋势和变化的原因，以便对其有一个科学准确的认识。当学校管理者对学校管理现象发生原因的剖析越发深入、细致时，就能够发现学校管理现象变化的客观规律，也就能够依照学校管理的本质和规律进行管理活动。

第二，研究学校管理的目的是科学规范学校管理行为。学校管理行为主要体现在三个方面：首先，学校管理者无视学校管理规律，将自己的思想凌驾于规律之上，这种管理方式是荒谬的，必须加以修正；其次，学校管理者将经验放在首位，认不清客观规律的重要性。如果是在经验的基础上做出的决定与客观规律相符，那么这样的行为没有问题，但是当经验产生的某些因素发生改变时，学校管理者仍依照经验行事，那么就会受到违背客观规律的惩罚；最后，学校管理者积极正确地认识学校管理的客观规律，根据客观规律进行管理活动，这是值得肯定和推崇的管理行为。

第三，研究学校管理的目的是发现并探索出学校管理的延伸点。人们对学校管理的客观规律的掌握并不是简单的事情：尽管许多人对学校管理现象的变化规律有一定的认识，但是却无法保证他们会自主遵循客观规律来进行学校管理活动。所以，学校管理者要采取全面科学的方法、举措对学校管理现象及客观规律进行深入分析和探究，比如：对显性学校管理规律和隐性学校管理规律的探究，对动态学校管理规律和静态学校管理规律的探究，对普通学校管理规律和特殊学校管理规律的探究，等等。通过对学校管理规律的不断分析研究，以找到其延伸点，有助于学校管理朝着更加准确合理的方向发展。

## 三、学校管理与教育管理的关系

教育管理是有权管理教育的部门为实现教育目的，执行党和国家的政策和法律，采取有效的手段和措施提高教育质量与效益的活动过程。教育管理是一个范围十分广泛的社会实践活动领域，它不仅包括教育部门在其职责范围内各级各类教育的管理，而且也包括非教育部门在其职责范围内对教育事业的管理。这种管理的主体是多重的、范围是广泛的、内容是丰富的、手段是多样的。对教育管理活动，如果以其管理主体的层次作为管理范围的划分标准，那么可以将教育管理划分为以国家行政部门为管理主体的、宏观上的教育管理与以学校为管理主体的微观上的教育管理。这两个层次的管理构成了教育管理的总体范畴，宏观上的教育管理又被称为教育行政，微观上的教育管理又被称为学校管理。

在我国教育制度中，学校可因其施教对象的不同而分为实施学前教育的学校、实施初等教育的学校、实施中等教育的学校以及实施高等教育的学校；又可因其施教内容的不同而分为实施普通教育的学校、实施职业教育的学校以及对已经走上各种生产或工作岗位的从业人员实施教育的成人学校。学校管理与教育管理是从属关系，二者既有不同点，又有相同点。不同点在于：学校管理与教育管理的范围是不同的，学校管理是教育管理的一部分，其管理范围小于教育管理；相同点在于：学校管理与教育管理的目的都是通过有效的管理活动促进人的发展，管理的要素都是人、财、物、时间、空间和信息。

## 四、学校管理的意义

学校管理研究不能简单地从该学科论述学校管理，那样的话会陷入视角狭隘、概念不明晰、方法不明确的困境。长期以来，相关学者对学校管理从教育学视角进行审视的比较多，缺乏从管理学视角对其进行透视。因此，对于学校管理的学习首先应该厘定其上位学科及其发展路径，这样才能从源头明确其概念，了解其含义。

### （一）学校管理的教育学意义

要想从教育学视角上定义学校管理，就要从源头开始梳理。中华人民共和国成立前，最早的学校管理名为学校行政。这个时期的学校管理主要采用以往沿袭下来的管理方式。当时我国的教育管理研究可以说处于同期教育研究的领先水平，特别是"教育行政"已初步形成"学科体系"，有了自己的研究对象、研究方法和概念系统。

教育学意义上的学校管理在很大程度上是以教育对象为自己的研究对象，进而对其进行相应的安排与调节。其主要研究的内容是怎么管理教育，怎么管理教学，如何研究学校管理的规律，等等。

既然学校组织的本质是教育组织，那么它对管理的要求也必然是最大可能地体现其教育性，发挥其教育影响力。换言之，学校管理的出发点，即其所要解决的根本问题，就是要保证教育活动的顺利进行。从这一点出发，学校管理活动的归宿即其所要达到的目标就是学校要最大可能地发挥教育力量、促进学生全面发展。因此，学校管理的价值追求归根结底是而且必须是其教育性。可以说，没有教育性的组织不是学校组织，不为教育的管理也不是学校管理；失去了教育性，学校及其管理也就失去了其本身存在的意义。可见，教育学意义上的学校管理更加注重学校这一教育实体，同时将教育的目的作为学校管理的出发点与立足点。

### （二）学校管理的管理学意义

管理学上的管理概念还没有一个清晰的界定。由于不同的相关学者关注的侧重点不同，所以管理的内涵也是各有殊异。事实上，管理学意义上的管理，首先，它是一种活动。管理必须采用活动这一具体的行动方式来开展。其次，它是一种职能活动。管理并不是一种无序的活动，而是运用各种职能组织起来的活动。最后，它是计划、组织、协调、领导、控制等一系列的职能活动。因此，学校管理在管理学意义上应该是在学校内部及其外部所进行的计划、组织、协调、控制等一系列的职能活动，该活动的具体场所是学校。当前，美国的学校管理较多地采用这一概念。管理学意义上的学校管理在我国大约开始于 20 世纪 80 年代初期，是由一批学者翻译国外专著而兴起的。

管理学思想的引入为人们全面理解学校管理提供了思想基础。可以说，20 世纪 80 年代初期的学校管理学开始从单一的"教"转变为"管"。但是简单地照搬西方的教育管理思想是不当的做法。以西方的教育管理为理论，同时结合国内的教育发展实情，提出我国特有的学校管理理论才是根本要义。

## 五、教育管理与教育行政

教育管理是指国家为贯彻教育方针，实现培养目标，而对教育系统所进行的计划、组织、控制等一系列有目的的连续活动。它包括教育行政管理及学校管理两个部分。学校管理主要的内容是学校管理体制、学校管理过程和方法、学校思想政治工作、教学、科研、生产劳动、体育卫生、人事、保卫、总务、财务以及其他各项工作的管理等教育行政，亦称"教育行政管理"，其定义为，国家对教育事业的组织、领导和管理，以及承担对国民教育的义务和实现教育目标，由各级教育行政机关负责。其主要内容有贯彻教育方针，推行教育法令，拟定教育规章，编制教育计划，审核教育经费，任用教育人员，视察、指导和考核所属教育行政单位和学校工作。

其实教育管理本身不是目的，而只是一种手段。教育管理的目的归根结底是保障全体公民的受教育权利，并为实现国家的教育目的，促进社会教育事业的发展创造条件。教育管理的外延与内涵是明显大于教育行政的。教育行政是教育管理中的一部分，也就是说教育行政是一个从属概念，而教育管理除了包括教育行政管理之外还包括本书中所讲的学校管理。从具体关注点来看，教育行政的内容更多的是站在一个领导全局的高度，制定相关的政策法规并对其进行执行与监督等。可以认为教育行政是同教育国家化紧密联系在一起的，是现代国家行政职能扩大化的产物。相对来说，它是从一个宏观的视角来进行管理，从总体上对全部的教育事业发展所进行的规划和协调，以求达到最佳效果。而教育管理的另一层面——学校管理更加关注微观的层面。它服从于宏观管理（当然它也有很大的自主权），其目的在于充分发挥校内人力、财力、物力诸因素的作用，利用校内外各种有利条件组织和领导学校全体成员，有效实现学校教育目标。

## 六、学校经营与学校行政

学校经营与学校行政从其字面意义上，可能看不出很大的区别。仅有的差异可能仅仅体现在"经营"与"行政"两个词义不同上。通过研究发现，两者之间的差异不仅仅是用词的不同，其理论基础也有着显著的差别，也就是说这两个概念的确立是建立在不同的学科基础之上的。

学校经营更多的是从经济学的理论基础出发，结合教育机构（学校）的环境条件，合理配置教育资源，以实现学校效益最大化，最终实现教育目标。其更多的理论来源于上位学科——教育经济学。而学校行政则不同，它从政治学、管理学的理论基础着眼，将更多的思想源于教育行政学这一上位学科。它是为了实现教育目标，对教育事业进行组织、领导和管理的一种活动。它更偏重于宏观层面的指导，而学校经营更倾向于微观的"执行"。另外，这两者的历史发展时间也是不同的。学校行政在隋唐时代就已经形成，它是与当时大一统中央集权的政治领导体制相适应的。而学校经营是在计划经济体制向市场经济的转型过程中产生的。社会的迅速发展使外来的思想冲击着原有的落后的教育理念，人们逐渐认识到教育尤其是学校教育不能仅仅依靠国家管理，它要适应市场经济的需要，必须要有一个思想的突破，即学校在某种程度上也是可以被"经营管理"的。

学校行政的概念相对来说比较少见，因为教育行政的外延往往包括了学校行政。但是仔细分析后会发现这两者还是有区别的。学校行政单指学校这一特定场所，比较具体。相比学校经营来讲，学校行政应该是教育委员会根据教育行政法规，对学校有总括性的管理权，并且依照法令、条例、规则的有关规定，执行事务的管理，而这些事务没有超过学校的管理经营范围，更多的事务是由校长、职员共同进行处理的。

由此可见，就范围而言，学校经营的范围应该更为广泛，它不仅仅关注学校的内部，同时还注重学校的外部环境。而学校行政只重视了学校的内在行政管理，对于外部的关注相对较少。

## 七、学校管理主体

　　学校管理主体是有权力对学校事务进行管理的人员，也称其为学校管理者。很多人可能将学校的领导者当成学校的管理者，认为只有校领导才有权力对学校的相关事务进行管理，实则不然。现代学校管理概念与以往的说法大相径庭，它认为有权对学校进行管理的人员不仅有学校领导者，还有学生、教师和家长，这些人共同组成了完整的学校管理主体。

　　学校领导者是学校的管理者。学校各项日常事务的管理、学校的环境建设、学校章程与制度的制定、学校教育教学的运行等，学校领导者都要对之做出相应的决策。学校领导有不同的层次，有高层的校级领导，也有中层的处室领导。另外，各个部门的职能人员也是学校的管理者。为了区分领导者与职能人员工作职责与分工的不同，通常认为，领导者是做决策的，职能人员是执行决策的。因此，在管理上通常有领导与管理的区别，也有领导者要做正确的事，管理者要正确地做事的观点。

　　教师是学校的管理者。由教职工代表组成的教职工代表大会是监督校长行使权力的民主机构，教职工有参与管理学校的权利。《中共中央关于教育体制改革的决定》提出，要建立和健全以教师为主体的教职工代表大会制度，加强民主管理和民主监督。法律也赋予教师参与学校民主管理和民主监督的权利。

　　《中华人民共和国教育法》第三十一条规定："学校及其他教育机构应当按照国家有关规定，通过以教师为主体的教职工代表大会等组织形式，保障教职工参与民主管理和监督。"教师对于学校的办学方向、教育改革及教学管理中的重大问题，对学校各级领导干部的奖惩、晋升、处分、免职等都有建议权，对学校领导干部的工作有监督评议权，这些都充分说明教师也是学校的管理者。

　　学生是学校的管理者。学校的社团组织、学生会等都是学生的自治组织，是学生自我管理的机构。对于关系学生切身利益的学校事务，学生自治组织有权代表学生参与相关的管理，如学校食堂的改进、学校图书馆的图书引进等，通过书面申请、参与讨论等方式，学生也成为学校的管理者。

　　家长是学校的管理者。家长参与学校管理是学校实施民主管理的具体体现。家长作为学生的监护人有权了解学生在学校的表现及学校为学生创设的学习环境。同时，家长参与学校管理能够改变学校管理的封闭状态，使学校了解更多的外部信息，对提高学校的管理效率及提升学校的管理质量大有裨益。家长参与学校管理有多种渠道。如成立家长委员会、召开家长会等，都是学校积极邀请家长参与学校管理普遍采用的形式。家长委员会参与学校管理，不仅拉近了家长和学校的关系，而且也提升了校园管理透明度，给校园增加了活力。

# 第三节　学校科学管理的理论基础

## 一、泰勒的科学管理理论

美国的泰勒通过"时间动作分析试验""铁锹试验""金属切削试验"等，提出了"劳动定额""工时定额""计件工资制"等科学管理制度，奠定了科学管理理论的基础。泰勒科学管理理论的主要观点如下。

一是在科学手段治理之下，工作人员需要将过去的知识整理汇总，并进行统计、分类，遵守操作规范与流程制度，帮助工人更好地完成日常工作。

二是总结工作的操作步骤和方法，以替代以前的依靠经验的工作方法。

三是更加精准地选择工人，开展相关的辅导工作，让其成长起来。这与过去让工人自主选择工作、根据自身情况进行训练有很大区别。

四是充分配合工人的工作，保证安排的工作内容都可以依照事先制定的计划开展。

五是将管理人员和工人的职责平均分配。管理人员要负责相比工人而言更擅长的工作内容，之前，管理人员把大部分工作内容都分配给工人。

## 二、法约尔的一般管理理论

经营和管理是两个不同的概念。"经营"是指导或引导一个组织趋向同一个目标，它包括技术活动、商业活动、财务活动、安全活动、会计活动、管理活动，"管理"是这六种活动中的一种，它由计划、组织、指挥、协调、控制五种要素构成。管理应当预见未来，预见性即使不是管理的全部，至少也是其中一个基本的部分。预测，既表示对未来的估计，也表示为未来做准备。因此，预测本身表明管理者已经开始行动了。

计划工作可以在不同的情境中得以体现，可以有多种方式。行动计划是把需要实现的目标和完成目标的所有方式、手段、过程等进行详细记录的形式。行动计划非常详细地展示了所有的计划内容和安排。

组织包括有关组织结构、活动和相互关系的规章制度以及职工的招募、评价和训练。一个组织的效率取决于其成员的素质和创造性，所以应特别强调对职工的选择、评价和训练，职工的地位越高，则对职工的选择越应花费较多的时间。

指挥是为使社会组织建立后发挥作用所做的努力。指挥要分配给领导者，每个领导者都应承担他自己的任务和职责。指挥的目的是使本单位中所有的职工能做出较大的贡献。

协调是指组织的一切工作都要相互配合，以便组织的经营能顺利地进行，并有利于组织取得成功，因此，管理者应协调地组织每个部门的工作都与其他部门一致，协调地组织各个部门清楚自己所承担的任务和部门之间的相互关系，协调地组织各部门经常随情况的变化而调整计划。

控制是检验每一件事情是否同所拟订的计划、发出的指示和确定的原因相符，其目的是发现、改正错误和防止重犯错误。

## 三、韦伯的科层制理论

德国的马克思·韦伯在《社会和经济组织的理论》一书中提出"科层制"理论，阐述了一种依据理性思维设定的高产能、理想型的工作方式，其中，团队工作分工和各个级别的设置是这项理论体系的重要组成部分。韦伯提出在高效的团队管理系统中，为了更好地完成任务，管理团队要把各个步骤都拆分成一项项基础的工作，然后将其分配给团队的每个成员。在这样精细的划分下，团队中有固定的人员进行特定的工作。团队中的成员之间并不会因为个人情感而影响工作，可以按照理想的规则开展工作。同时，团队要明确指定每个成员的责任和权利范围，使得员工可以准确地执行任务。

理想的行政组织体系的结构分为三个层次，最高领导层相当于高级管理层，行政官员层相当于中级管理层，一般工作人员相当于基层管理层。科学管理理论的代表人物不仅强调了上述理论，而且归纳了提高管理效率的基本原则。

一是统一指挥原则。这一原则是指组织中没有一个人应该接受来自多方面的命令，组织中的上级与下属要明确自己的权责范围，形成纵向的沟通渠道，以避免无人负责的现象出现。

二是授权的原则。此项原则的含义是高层的管理人员要在提出一项内容提出后，把最终的决策意见记录下来，便于日常工作中准确地使用，并且要尽量安排员工独立完成。这样可以使高层的管理人员把有效的时间留出来以完成更加重大和紧急的任务，专门负责和常规内容不同的事情。

三是责权相符原则。此项原则的含义是上层管理人员需要将任务分配给下属员工去完成，并且给予其一定的权利，这样，被给予权利的员工会对此项工作担起责任，在管理中的一个重要原则就是要让工作人员的职权和责任划分清楚。

四是控制幅度的原则。此项原则的含义是管理人员和其下属在数量层级上的关系，这关系到团队中的领导者和组成人员的基本组织架构。每一个上层管理人员负责的团队中的成员最好少于6人。这需要管理人员掌握幅度的定义。

若下属工人人员的数量按照算数关系递增，那么需要的管理人员的数量也要呈几何关系递增。管理人员不需要对下属的人数做固定的规则，而要关注自己的个人特征及他的下属人员在地理位置的远近、他的下属工作人员在完成工作时的稳定程度。

## 四、人际关系理论

人际关系理论为早期的行为科学理论，从人本主义的观点出发，它用试验的方法探讨管理过程中人的因素对管理效率的影响，给学校管理者以新的启迪。由此可以得知，学校管理效率的提高，既不能单纯按照学校组织的观点去设计，也不能完全以科学的工作分析方法解决。提高学校管理效率的重要途径为建立和谐的人际关系。受人际关系理论的影响，一些学校领导者更加重视教职工在学校管理中的主体地位，开始探索民主管理的理念和学校管理的民主化问题。教师参与管理的理念和做法反映出在教育管理领域，学校领导者一定要意识到教职工和学生才是学校发展的动力之源，要重视教职工和学生的心理、社会等需要，注意教师和学生的满意程度和内在动机，积极调动教职工和学生的积极性与主动性。为此，学校领导者应致力于以下几个方面的工作：重视教职工的工作热情、事业心、责任感和成就感；要为每个教职工的才能的发挥创造机会和条件；要加强组织内部的团结，消除人与人之间的矛盾和冲突，改善学校内外的人际关系，增强群体意识和组织的凝聚力；要帮助教职工消除困惑和苦恼。

## 五、马斯洛需要层次理论

马斯洛是美国社会心理学家、管理学家和人本主义心理学的主要发起者，他在20世纪50年代出版的《人类动机的理论》一书中提出了需要层次理论。马斯洛把人的各种需要划分成五个层次，并按照其需要满足的先后顺序进行排列。

### （一）生理的需要

生理的需要是指人类为维持生存、延续生命的基本的物质需要，如对食物、水、住房等物质条件的需要。人们有关生理的需要是第一位的、最优先的需要，如果这一层次的需要不能得到较好满足，其他的需要便都失去意义。

### （二）安全的需要

安全的需要是人们为了规避危险和威胁等的需要。具体包括稳定、免受恐吓等方面的需要，如对人身保险、医疗保险、食品卫生、住房保障等方面的需要。当生理需要满足时，人们就会追求安全的需要。

### （三）社交的需要

社交的需要是指人们对感情和归属的需要，包括人们对朋友、亲人、团体、家庭等正式或非正式组织的期待等。当一个人的物质需要和安全需要得到了满足后就会产生社交的需要。如果一个人不被他人或集体所接受，他将会产生孤独感、自卑感、精神压抑、心情郁闷等体验。

### （四）尊重的需要

尊重的需要是指人们对地位和受人尊重的需要，包括外界对自我的尊重和自己对自我的尊重等需要。尊重的需要是人类较高层次的需要。这种需要很少能够得到完全的满足，没有止境。

### （五）自我实现的需要

自我实现的需要是指一个人为实现自己的理想不断地自我创造和发展的需要，包括发挥他的最大潜能，表现他的情感、思想、愿望、兴趣、能力、意志和特性等方面的需要。自我实现的需要是最高一个层次的需要。

需要各层次之间的关系如下。其一，五个层次的需要像阶梯一样从低到高，但次序不完全固定，可以变化，可以有例外情况。其二，当人的一个层次的需要相对地得到满足后，就会期望高一层次的需要得到满足。五种需要不可能完全得到满足，越到上层，得到满足的百分比就越小。其三，在同一时期内，可能同时存在几个层次的需要，但每一时期内总有一个层次的需要是占支配地位的。任何一个层次的需要并不因为下一个高层次需要的满足而消失，各层次的需要相互依赖与重叠，高层次的需要得到满足后，低层次的需要依然存在，只是减小了行为影响而已。其四，需要得到满足后就不再是一股激励力量。

马斯洛的需要层次理论虽然存在着抽象地谈论人的需要等不科学的方面，但他把人的需要分为不同层次这一点无疑是正确的，也是可供学校领导者借鉴的。学校领导者可以从解决教师和学生的基本需要入手，逐步解决其他问题，为学校教师和学生的创造力与潜能的开发，为他们的自我实现创造条件。例如，在学校管理中，管理者可以通过改善学校的校舍、保险、工资待遇等物质条件，满足或基本满足教师和学生的生理需要与安全需要；通过营建良好的学校文化、增加晋职和奖励机会等，满足教师和学生社交的需要、尊重的需要以及自我实现的需要等高层次需要。

## 六、双因素理论

双因素理论也称"激励—保健因素理论"，是美国行为科学家弗雷德里克·赫茨伯格于20世纪中期提出来的。20世纪50年代末期，赫茨伯格和他的助手们在美国匹兹堡地区对200名工程师、会计师进行了调查访问，询问他们在工作中有哪些事是使他们感到满意的，有哪些事是使他们感到不满意的，同时估计积极的情绪和消极的情绪持续的时间。结果发现，使职工感到满意的都是工作本身或工作内容方面的因素（如成就、赏识、工作本身、责任、提升、成长等）；使职工感到不满意的都是工作环境或工作关系方面的因素（如政策和管理、监督、与上级的关系、工作条件、工资、与同级的关系、个人生活、地位、安全等）。赫茨伯格将前者称为激励因素，将后者称为保健因素。保健因素的作用类似于卫生保健对身体所起的作用，只能预防疾病，不能直接提高健康水平。

同样，在工作中，保健因素不能直接起到激励职工的作用，但能防止（或维持）职工产生不满情绪。当保健因素得到改善后，职工的不满情绪会消除，但并不导致良好的后果，而只是处于一种既非满意，又非不满意的中性状态。只有激励因素才能使职工产生令人满意的积极的效果。

## 七、管理方格理论

人际关系理论虽然注意了人的社会属性，提出了"非正式组织"的概念，但在对如何协调正式组织与非正式组织间的关系方面又表现得较为欠缺。因此，社会上出现了专门研究正式组织与非正式组织相互关系的组织行为理论。其中，管理方格理论是比较有代表性的。

管理方格理论由美国行为科学家布莱克和穆顿在1964年出版的《管理方格法》一书中提出。他们认为，领导者应将"对人的关心"和"对生产的关心"两种领导方式结合起来，应避免出现只关心一个方面的极端倾向。理论的启迪有相通之处，学校管理者在重视改善学校物质条件的同时，也可以创造条件。

## 八、公平理论

公平问题作为理论研究的对象源于西方，学者们从不同的角度对公平问题进行了探讨，从而为社会组织行为提供理论依据。

美国行为科学家亚当斯在20世纪60年代对公平问题有较系统的研究。亚当斯认为，在公平问题上，人们会经常做两种比较。

一种比较被称为横向比较，即个人将自己获得的"报酬"（包括金钱、工作安排以及获得的赏识等）与自己的"付出"（包括教育程度，所做的努力，用于工作的时间、精力和其他无形损耗等）的比值与组织内其他人做比较，只有相等时，他才认为是公平的，用公式表示如下：$Op/Ip=Oa/Ia$。

其中，$Op$表示个人对自己所获报酬的感觉；$Oa$表示个人对他人所获报酬的感觉；$Ip$表示个人对自己所付出的感觉；$Ia$表示个人对他人所付出的感觉。

当上式为不等式时，可能出现以下两种情况。

① $Op/lp<Oa/la$。在这种情况下，个人会采取两种办法调适公平感。第一种办法是他可能要求增加自己的收入或降低自己今后的努力程度；第二种办法是他可能要求组织减少比较对象的收入或者让其今后提高努力程度以便使等式趋于相等。此外，他还可能另外找人作为比较对象，以便达到心理上的平衡。

② $Op/lp>Oa/la$。在这种情况下，个人可能要求减少自己的报酬或在开始时主动多做些工作，但久而久之，他会重新估计自己的技术和工作情况，最后他会觉得自己确实应当得到那么好的待遇。

另一种比较是纵向比较，即个人把自己目前的"付出"与目前所获得"报酬"的比值，同自己过去的"付出"与过去所获"报酬"的比值进行比较，只有相等时，他才认为是公平的，用公式表示如下：$Op/lp=OH/IH$。

其中，表示自己对现在所获报酬的感觉；表示自己对过去所获报酬的感觉；表示个人对自己现在所付出的感觉；表示个人对自己过去所付出的感觉。

当上式为不等式时，也可能出现以下两种情况。

① $Op/lp<OH/IH$。当出现这种情况时，人会有不公平的感觉，可能导致工作积极性下降。

② $Op/p>OH/IH$。当出现这种情况时，人不会因此产生不公平的感觉，但也不会觉得自己多拿了报酬从而主动多做些工作。

公平理论对人们的启示在于：影响激励效果的不仅有报酬的绝对值，而且有报酬的相对值；管理者在激励员工时应力求公平，使等式在客观上成立，尽管有主观判断的误差，也不会导致有人产生严重的不公平感。但是，影响公平感的原因很复杂，如个人的主观判断、个人所持的公平标准、对绩效的评定，以及谁来评定等。为了避免教职工产生不公平的感觉，学校管理者应采取各种手段，营造一种公平合理的气氛，使教职工产生一种主观上的公平感。此外，学校管理的过程公平往往比结果公平更重要。公平理论要求学校管理者不仅应该关注分配的结果，而且应该在过程中通过公平的政策、制度来解决学校面临的问题。

## 九、当代管理理论

社会系统学派的主要代表人物是美国的管理学家巴纳德，其代表作是1938年出版的《经理人员的职能》。巴纳德认为，"效率"和"效果"这两个词是有差异的。他认为，组织要想持续存在，效率和效果都是必不可少的，而且组织存在的时间越长，这两者的必要性就越发突出。组织的活力在于组织成员贡献力量的意愿，而这种意愿要求这样一种信念，即共同目标能够实现。如果在进行过程中人们发现目标无法实现，那么这种信念就会逐渐被削弱，甚至消失，这样，效果就不复存在了，组织成员做出贡献的意愿也就随之消失。同时，意愿的持续性还取决于成员个人在实现目标的过程中所获得的回报。如果这种回报少于个人所做出的牺牲，那么成员做出贡献的意愿也会消失，组织就没有效率可言；反之，如果个人的回报多于其所做出的牺牲，那么成员做出贡献的意愿就会持续下去，组织就富有效率。

## 第四节 学校管理的特点与原则

### 一、学校管理的特点

学校管理与企业管理、工商管理等管理相比较，除了有共性之外，还有自己的个性特征。

#### （一）管理对象的特殊性

学校工作对象是教职工、学生。校长通过管理教职工，去管理学生。在学校中，接受任务、执行任务、完成任务的都是人，人是学校工作的核心，，有了人的积极性，教育的其他资源才会活跃起来，发挥更大效益。核心是处理人与人的关系。一般管理中，也处理人与人的关系，但其根本目标是通过人对物的管理来提高物的质量和使用效率。学校管理是学校管理者通过对教师和学生的管理并吸收教师、学生参与管理，以提高教育质量，将学生培养成合格的人才。管理者、管理的对象和产品都是人，作为管理对象的学生，他们不仅接受管理，在一定程度上参与管理。学校管理中，要将管理与自我管理结合起来。

#### （二）具有很强的教育性

学校是专门从事教育的机构。学校管理的目标要服从学校教育这个总目标。学校管理的过程，应该成为培育人才的过程。管理是教育的重要手段，管理和教育的统一是学校管理最重要的特点。特别是在中小学，对学生的管理是学生教育工作的一部分。在日常学习、生活管理过程中培养学生良好的思想品质和行为习惯是学习教育切实有效的重要途径。校园文化更具有教育价值，学生在其中生活、学习受到潜移默化的影响与教育，这种教育被概括为"隐性教育"或"隐性课程"，与"显性教育"和"显性课程"相对应。

#### （三）具有较强的常规性

学校的主要任务是培养人才。人才的培养与物质产品的生产相比较，其过程更复杂，周期更长。中小学教育是以未成年人为对象的基础教育，未成年人的身心发展规律虽然随着时代的前进也有所变化，但总体来说是比较稳定的。中小学教育的方针、任务、培养目标、教学大纲、学制、课程、教材、师资规格、办学物质条件等都有较强的稳定性和规范性。

学校规律的职责主要是贯彻国家的教育方针、法规、政策和指示，运用可以调动的人、财、物等因素，组织并实施教育过程，具体实现教育目标。学校管理与不断适应市场变化的企业管理比较，有着明显的稳定性和规范性。这些特点反映到管理上，在确立目标时，既要满足当前的人才需要，也要预测未来社会对人才的要求；在管理组织方面，既要充分发挥学校的管理职能，也要协调学校与社会、家庭的关系；在评价管理质量时，要充分考虑人的质量评价的特点，在重视定量分析的同时，发挥定性分析的优势，将二者结合起来。

### （四）相对独立性

学校作为一个办学实体，既要服从上级领导，借鉴其他学校的经验，又要保持自己的一定的独立性。如果学校没有独立性就不能进行有效的决策，没有人事调配权、财务权等就不能实行有效的运行。基础教育实行地方负责、分级管理的体制；高等教育实行中央和省分级管理、分级负责的体制。要转变政府职能，建立宏观调控体系，政府对教育事业的管理由直接管理转变为间接管理，管理手段由行政干预、计划命令转变为统筹规划、宏观调控、政策指导、经费筹措、信息服务、评估监督等手段。当然学校管理的这种独立性也是相对的。

### （五）管理形式的特殊性

学校管理者承担着重要的教育职责，并以组织良好的教师集体为管理工作的重点。以中、小学校长与教师之间关系为主要内容的学校管理，基本上是面对面的直接管理。在管理的层次上，较大规模的中小学也分为校长、处室、年级组、教研组等，各自发挥职能作用。但与企业管理、政府管理中的决策层、执行层、操作层的严格区分有着很大的不同，学校内部的层次管理具有对校长工作辅助的性质，校长与教师之间具有较强的直接关系。在管理方式上，学校制定有诸多的规章制度，实施规章管理，制定工作计划等，但是大量的日常管理是通过示范、指导、对话、研究讨论等口头的面对面的管理方式进行的。在管理权威上，校长要使用行政权力，但是行政权力的使用在学校管理中是有限的，学校管理者的权威更多地取决于人格威望，就是管理者的德、才、学、识等，取决于管理者的管理科学水平和艺术水平。

## 二、学校管理的原则

学校管理原则它是正确处理学校管理中各种矛盾的指导思想，是学校管理工作中必须遵循的新的准则和基本要求。它对学校管理工作起着指导作用，管理目标的建立、管理内容的确定、管理方法的选择、管理制度的建立、各方面积极性的调动，都离不开学校管理原则的指导。

### （一）方向性原则

方向性原则就是说在学校管理中必须有坚定的政治方向，这"是由我国学校的社会性质所决定的。学校管理首要的问题是由谁领导，为谁服务"的问题。从学校产生以来，就存在这个问题。我国学校贯彻这一原则，主要是强调坚持和改善党对学校的领导；贯彻国家的教育方针与政策；坚持"三个面向"等。

### （二）效益原则

效益原则讲求效率，以最小的消耗，取得最佳的效益。高效率是学校管理工作的基本目标。人力的充分发挥，学校管理者应做到知人善任，使事得其人，人得其所，用人之长，避人之短，人尽其才，才尽其用；物力、财力、时间等的充分利用；运用科学合理的管理方法。

### （三）民主性原则

民主性原则就是在实施校长负责制（或党委领导下的校长负责制）的同时，充分调动广大师生员工管理的积极性，发挥他们的智慧与才能，集思广益，全员参与，实现民主管理，共同管理好学校。相信群众，依靠群众，走群众路线；调动教师参与管理积极性，完善管理机制；引导学生，学会自我管理。

### （四）整体性原则

整体性原则就是学校管理要有整体观念，处理好各个部门、各个层次、各种因素之间的关系，处理好学校管理中整体与局部、主要矛盾与次要矛盾、矛盾主要方面与次要方面等的关系，以达到最佳的管理效果。树立全局思想与整体观念；教学为主，全名安排；分工合作，协调一致。

### （五）规范性原则

规范性原则就是要求学校管理工作要有一定的规格、标准，做到规范化、标准化，就是把学校办得像个学校，办成教书育人的场所。树立良好的校风，现办学特色；完善规章制度，做到管理有章可循，使学校管理常规化、制度化、规范化；管理人员以身作则，校园文化使师生得以耳濡目染，潜移默化。

### （六）科学性原则

科学性原则就是学校管理要按照客观规律办事，不能仅凭长官意志、主观愿望、行政命令来办事。处理好主观与客观、理论与实际、传统经验与现代管理科学之间的关系。要有科学的管理理念；要有科学的管理方法；要有科学的管理手段。

## 第五节 学校管理的程序与方法

### 一、学校管理的程序

#### （一）计划

计划我们可用"5W1H"来表示，即"为什么做"（Why）：学校管理的原因与目的；"做什么"（What）：为实现目的在学校安排哪些活动和内容；"谁去做"（Who）：为落实活动配备哪些教学和后勤人员；"在什么地方做"（Where）：为活动提供哪些必要的设施和场所；"在什么时候做"（When）：有关的教育教学活动安排在什么时候进行；"怎么做"（How）：为达到最佳的活动效果采取哪些手段和措施。

#### （二）决策

政策决策、经费决策、人员决策、教学决策、案情决策、其他决策。

#### （三）组织

组织就是对决策的实施与落实。

#### （四）控制

学校管理控制是完成计划任务，实现组织目标的保证。控制是及时改正缺点，提高组织效率的重要手段。控制是组织创新的推动力。

#### （五）评价

通过评价了解不同人员的绩效（或成绩），对于绩效（或成绩）优秀的人员和组织给予表扬和奖励，对于绩效（或成绩）差的则给予批评或惩罚。通过这样的正负强化，使被管理者的行为得到矫正和控制，从而促使他们更好地完成工作任务、实现组织目标，这本身就是学校管理的过程与追求。

## 二、学校管理方法

极目远眺管理目标远景，管理者无疑会心驰神往，然而要到达"彼岸"，必须要有"桥"或"船"，它就是方法。学校管理者要想完成管理任务，实现管理目标，不仅要具备明确的指导思想，还要选择、运用科学合理的管理方法。"方法决定效果。"人们发现许多地方不是缺乏管理，也不是缺乏制度，而是缺乏科学的管理方法。管理方法得当，就能取得事半功倍的效果；否则只能是事倍功半，甚至是徒劳无功。可以说，在一定的管理科学理论指导下，有什么样的目标就有什么样的方法。管理目标决定管理方法，管理方法离不开管理目标，它们有着与生俱来的亲缘关系。离开了管理目标，管理方法就失去了方向，离开了管理方法，管理目标就失去了依靠和赖以达成的基础。

管理方法与学校管理方法的含义。管理方法就是在管理活动中，为了实现管理目标所采取的工作方式；是管理者为了履行管理职责、发挥管理功能、作用于管理对象、协调管理主客体之间的关系、保证管理活动顺利进行、进而实现管理目标而采取的专门方式、手段、措施与途径及其程序的总和。学校管理方法就是学校管理者为了实现学校管理目标，为了确保学校的各项管理活动能够朝着预定的方向发展，遵循学校管理的客观规律，依据学校管理原则的指导，执行学校教育管理的职能等，所运用的各种管理方式、手段、措施与途径及其程序的总和。

学校管理方法要符合学校管理的实际，是经过加工、提炼、条理化了的。它可能是来源于国外的管理理论，也可能来自企业管理，但是必须对学校管理的实践是有用的、有效的。学校管理方法种类繁多，难以穷尽，我们只讨论常见的、流行的。那么学校管理中有哪些常见的管理方法？

### （一）制度方法

学校管理者根据学校的情况、问题与要求，通过制定相应的规章制度来管理学校的方法。制度方法具有规范性、制约性和权威性的特点。这一方法在一定程度上避免了人为因素的干扰，也使学校管理人员的管理工作由经验型的人治转变到科学管理的法治。它能改变"以人代法""以权代法"、"以言代法"的现象，使学校管理工作有章可循、有法可依。运用制度方法可以防止工作中的扯皮、推诿与纠纷等现象的发生，调解人与人、人与物、物与物之间的矛盾与关系，提高工作效率。

### （二）行政方法

行政方法指依靠学校行政组织及领导者的权力与权威，运用命令、指示和规定等手段，通过组织系统对师生进行的管理。行政方法具有强制性，它要求学校成员必须遵循统一思想、统一行动、统一纪律和下级服从上级的原则；权威性，它所依据的是组织和领导者的权力与威信，权威性越大，行政方法就越有效，权威性的大小取决于威信，威信主要取决于人格的影响；垂直性，行政命令、指示等是通过学校行政组织自上而下纵向垂直逐级下达的；时效性，指示、命令等行政手段都具有很强的针对性，只对特定的对象在特定的时间范围内起作用，具有较强的时效性

### （三）教育方法

运用启发、说服、行为影响等方式，使受教育者提高思想认识，增强工作自觉性，提高工作效率的方法或手段。教育方法具有启发性，循循善诱、启发自觉、耐心细致是这一方法的特点，用说理使人悦服，而不是用强逼使人屈服；长期性，树立正确的人生观、价值观、世界观并非一日之功，也非一而就；广泛性，教育的方法贯穿学校管理活动的各个方面，其他方法的运用都离不开教育方法的配合。

### （四）经济方法

经济方法指按照一定的分配原则，运用工资、津贴、奖金、罚款等经济手段对学校教职员工进行管理的方法。它的实质在于贯彻物质利益原则，多劳多得，少劳少得，不劳不得。经济方法具有利益性，物质利益是人们从事工作的主要目的之一，员工得到的物质利益是对他们工作的一种重要评价，对员工的积极性、创造性有重要影响；间接性，这一方法不是直接干预教职员工的行为，而是通过对其经济利益的调节，来影响员工的行为；多样性，这一方法是多种多样的，比如工资、奖金、住房分配等。

### （五）激励方法

激励方法是学校管理者运用某种外部诱因调动师生员工积极性，充分发挥其智力和体力潜能的一种管理方法。据西方管理学家的统计，企业管理者每天遇到的需要解决的问题98%是由人所引起的，而不是由机器或计算机所引起的。可见，人的管理是最主要的管理。学校管理也不例外，学校管理者管理的中心问题就是如何调动人的积极性。激励过程的要素有激励者、被激励者和激励因素。激励因素多种多样，有物质方面的，如金钱、物品等；也有精神方面的，如职务、名誉、理想等。激励的方式主要有信息激励、物质激励和精神激励等。

### （六）ABC法

ABC法是西方管理学家艾伦·莱金提出的科学运筹时间的一种方法。它把一天需要处理的而又肯定无法全部处理完的诸多事务，全部写出来，然后按照轻重缓急将它们分为A、B、C三类。A类最重要，是每天必须要处理的；B类次之；C类可以缓一缓。

经过这样的分类后，莱金认为，一位优秀的领导者、管理者，就得想方设法完成 A 类和 B 类的工作，若完成了，也就完成了一天工作的 80%。但是，任何事情都是发展变化的，并不是一经安排就一劳永逸了。比如有人来电话催问，原来属于 C 类的某一件事，就可以将其从 C 类归到 B 类中去；或者有人上门来联系原属 C 类的事，那么就可以将其归为 A 类。这些动态的变化，往往会使原计划中 A 类和 B 类的工作中的一部分压到 C 类中去。这样，就能使工作做到有条不紊。ABC 法的优点就在于将有限的工作时间，花在处理最重要的工作上，从而使管理者成为利用时间的主动者。在学校管理中，这一方法的作用就显得更为重要。

管理方法不是一般的手段、方式问题，而是管理艺术、管理水平的问题。此外，还有诸如沟通的方法、参与的方法、目标管理方法、控制的方法、抓点带面的方法等等。教学方法是随着教学目的、教学内容、教学对象的不同而灵活运用的，学校管理也是如此，"管理有法，管无定法"。

# 第二章　学校管理发展与战略规划

学校管理的发展以及学校管理的战略规划在学校管理中十分重要。管理者只有透彻了解学校管理的发展过程才能根据学校的实际情况制定适合学校的战略。

## 第一节　学校管理发展与创新

学校管理作为一个复合概念，其根本在于管理，其限定在于对学校的管理。为此，可以分别从学校和管理两个角度来解析学校管理的发展。在不同的历史时期，作为重要教育场所的学校，其含义是不同的。同样，在不同的历史阶段，人们对管理的理解与需求也不尽一致。

### 一、从学校角度看学校管理的发展历程

#### （一）形式化教育下学校管理的发展历程

从教育制度变迁的角度看，教育的发展一般可分为非形式化教育、形式化教育、制度化教育和后制度化教育四个阶段。形式化教育与非形式化教育的分水岭之一就是学校的出现。

中国自夏朝以来，就有了庠、序、校和学等教育机关，而古埃及、古印度学校机构的出现比我国还要早。这些名义上的学校在整个教育系统中所占的比重非常小，但却是学者们研究的重点，因为它们具有定型化、等级性、象征性和相对固定性等特点，已经由一种教育习俗演进为一种正式的教育制度。我国学校最早出现在官学中，其后是私学，这种双雄并举的局面存续了近千年时间，而至唐末宋初，一种新的学校形式——书院正式出现了，这样我国古代的三种学校形式就基本定型了。这些学校有各自的分工，也有相互的联系，在官学层面上有形式化的学制，如西周的国学和乡学、唐代的"六学二馆"等。

古代的官学与书院具有了制度化的萌芽，官学有了雏形的学制，也有了专科学校，但总体上来讲，其发展的速度、质量与覆盖面还是很有限的，这种形式化教育一直延续到清末。实事求是地讲，形式化教育中的学校尽管在日益扩张，但对整个社会和对人类整体教育的影响还不是很大，广大民众获得的更多的教育形式仍然是言传身教的非形式化教育。即便是统治阶级所举办的官学，其内部职能也是不分化的，不同教育实体间并无系统的、有序的联系。

## （二）制度化教育下学校管理的发展历程

制度化教育从孕育到出现经历了二三百年的时间。班级授课制作为一种教学组织形式、学校作为一种公共机构的普及，特别是义务教育制度的出现，使制度化教育开始定型化、系统化和法制化。制度化教育，相比于形式化教育来说是一个巨大的进步。

这种进步使得学校作为教学机构越来越受到重戏，学校管理的研究也逐步增多。其实，东西方制度化教育的开端并不相同，西方的制度化始于教育的世俗化、公共化，特别是公共教育运动促进了制度化教育的形成。夸美纽斯的班级授课制则为制度化教育奠定了教学组织基础，初等义务教育在西方发达国家基本普及标志着西方制度化教育的形成。而在我国，制度化教育是舶来品，发物于京师同文馆，形成于"癸卯学制"。该学制是我国制度化教育形成的标志。至1905年，学制开始日臻完善，经过1912年、1922年等学制的改革，我国制度化教育及这种教育制度下的学校开始进入新的发展阶段。制度化教育客观上要求一部分的教职人员从教学工作中脱离出来，对学校运行中出现的问题进行处理，或者对学校的整体发展进行一定的思考，制订出一定的计划。在这样的语境下，专门的学校管理人员，如校长、中层管理者等就出现了，学校管理问题就日益得到人们的重视。

但制度化教育及其学校从诞生那天开始，就伴随着争鸣与改革。从裴斯泰洛奇批评传统的公共教育，提出要建立一种普通的民主教育制度开始，到杜威创办芝加哥实验学校等都是对制度化学校的挑战。特别是杜威对后世的影响最大。同时期的意大利教育学家蒙台梭利建立的"儿童之家"的学校发展模式、尼尔的萨默希尔学校等都是对制度化教育下的学校的反诘。在我国，一批受西方先进教育思想影响的学者也开始了制度化教育下的学校的改造，例如：李廉方在河南开封实验的"廉方教学法"虽然名曰教学法，但是实际上已涉及"二部制"课程组织、学制等方面的内容；陶行知创立了南京晓庄师范、山海工学团等，提出了生活即教育、社会即学校、教学做合一的论断；晏阳初在各地建立教学点来实践其平民教育办学观。20世纪60年代末，终身教育被以朗格朗等人为代表的后制度化学派的教育学家提出，学校在教育制度史上开始进入后制度化阶段。

### （三）后制度化教育下的学校管理发展历程

随着科学技术的发展，教育在社会发展中所起的作用日益突出，在此背景下，有学者提出了"教育社会化和社会教育化"问题。相比制度化教育下的学校，后制度化教育下的学校是一种多元化的教育形式，它突破了以往教育教学的模式。它是一种长期的、连续性的教育，同时其个性化、民主性都不同于以前。后制度化教育下的学校管理也开始"去科层化""去行政化"。现代学校制度建设也开始进行，它打破了以往封闭与隔绝的状态，开始日益走向开放。学校开始注重与社会、政府、市场之间的联系，同时也逐渐探索学校的内部治理结构。终身教育重新定位了学校教育的地位。学校不再是国民教育的特权机构。相关的协会、地方团体、社区等都能够共同承担教育责任。社会上出现了社区学院、学习化学院、虚拟学校等。因此，后制度化教育下的学校的实际范围更大了，不仅仅包括部分制度化教育下的学校，同时也包括了学校以外的教育机构。从学校教育的使命上来看，学校的目的是培养全面发展、素质较高的人。同时，它从单纯追求知识的传递转变到追求一种综合素养的追求；从教育的静态化转变到教育动态化、常规化。

## 二、从管理角度看学校管理的发展历程

人类社会的发展史实陈就是生产力发展的历史，而管理思想的每一次发展又会极大地促进生产力的发展。所以对管理发展史进行梳理，可以进一步总结出学校管理的发展特点。

### （一）经验管理形态下的管理

管理本身有着很长的前史，但却有比较短暂的学科史。自从有了人类社会，就有了管理现象，但数千年的管理实践，多数都是经验管理。在工业社会之前的社会生产力水平较低，生产关系也不健全与紧密，管理的价值并没有凸显出来，因此并没有形成系统的管理思想。在工业革命以后，企业如雨后春笋般快速成长。但是工人们大多是失地农民，其生产水平参差不齐，所以其要进行统一的培训。同时，企业的生产管理缺乏科学的调查和分析，没有科学的计划和程序，缺乏合理的、有效的工作定额。生产工人只是凭自己的经验，任意选用生产工具和操作方法。生产管理者只凭过去的经验和粗略的估计就做出了管理决策。之后，劳动高度专业化了，而标准化的生产方法和程序却没有被制定，而且对工作的协调化、一体化以及系统化也没有得到强调。这种凭经验办事的旧的传统管理方式，严重地阻碍着劳动生产率的提高。

在经验形态下，人们可以看出这个时候的工作重点是在技术层面上，而不是管理本身，没有一个关于管理的理念。任何一位"管理者"凭借经验而形成的管理方式，

在其他一些企业之中有可能不太适用。所以，寻找一种有效的、合理的，同时有一定普适性的管理方法是当时急切需要解决的问题。在这种情境下，弗雷德里克·温斯洛·泰勒的科学管理思想诞生了。

### （二）科学管理意义上的管理

科学管理之父弗雷德里克·温斯洛·泰勒，由于其对管理方法及工厂的技术、产量等一系列的贡献，开启了科学管理的先河。泰勒之后还有一大批他的追随者，如卡尔·巴思、亨利·劳伦斯·甘特、吉尔布雷派夫妇、埃莫森、库克等，他们都为科学管理理论的完善做出了巨大的贡献。科学管理理论不仅仅是泰勒的"科学管理"理论，还包括法约尔的管理过程理论和马克思·韦伯的科层组织理论，这三大经典理论共同构成了"古典管理理论"。

科学管理理论的片面性也是较突出的，主要表现在以下几个方面：第一，它没有对人性进行深入的研究，仅仅停留在经济人的假设之中，没有注意到管理首先是将人作为其运行的中心；第二，单纯地就事论事，只是认为管理的对象本来就存在，还没有将管理上升到系统来认识；第三，只关注企业内部，对于影响企业发展的外部环境关注较少。在古典管理理论诞生十多年后，另一个管理学理论之源开始出现，这个理论就是关注管理过程、关注管理中人的人际关系学说的行为科学理论。

### （三）行为科学意义上的管理

行为科学意义上的管理分为两个基本阶段：人际关系阶段和第二次世界大战后的行为科学阶段。20世纪20年代末的霍桑实验为人际关系学说和行为科学奠定了基础。切斯特·巴纳德则丰富了人际关系理论，他在《经理人员的职能》一书中提出了社会协作系统的理论。他认为：组织是一个有意识的协调的两个或者两个以上的人的活动或力的系统，并且包含着三个普遍的要素：协作的意愿、共同的目标、信息的交流。"

随着时代的发展，越来越多的研究者将视角从单纯关注生产效率转移到对人性、心理的研究上，如马斯洛提出的"需要层次理论"，赫茨伯格的双因素理论、弗鲁姆的期望理论、麦克里兰的成就需要理论、道格拉斯·麦格雷戈的"X-Y"理论等。通过分析以上种种理论可以总结出，行为科学下的管理摒弃了仅仅关注企业生产效率的方面，它没有把人看成"机械化的工具"，而注重人性自身的一面，深入研究人们的心理变化。可以说，行为科学下的管理同科学管理相比，是一个巨大的进步，它从管理一开始只关心组织这一个维度，发展到关心组织与人这两个方面的维度。同时，它为以后管理学的进一步发展提供了一个新的思维方式。

## 三、学校管理的新思维

随着时代的发展，科学管理与行为科学对峙的局面必然会被改变，管理理论上的二元"冷战"必然走向融合。自20世纪70年代至今，管理思想的整合与创新就从未间断过，在这样的背景下，也出现了诸多新的管理方式和管理思想。

### （一）战略管理

战略一词首先是在军事中出现的，1962年企业经营史学家小艾尔弗雷德·钱德勒在《战略与结构：美国工商企业成长的若干篇章》一书中，第一次给战略下的定义是，战略指决定企业长期基本目标与目的，选择企业达到这些目标所遵循的途径，并为实现这些目的与选择而对企业重要的资源进行配置。因而钱德勒明确指出管理措施是处理日常经营活动的，以保证经营的高效与顺畅，而战略关乎于如何利用"看得见的手"实现资源配置的问题，它关注企业的长期健康发展。

对战略规划的含义可以从四个角度阐述：战略规划涉及的是当前决策的未来性，也就是勾画美好的前景，并发掘将其变成现实的途径；战略规划是一个发展的过程；战略规划是一种态度，一种生活方式，并非是规定好的一套程序、步骤、结构和方法，而是思考的过程，是一个智能的运用过程；战略规划是一个体系，指一个公司系统地而且较为正式地确立公司的意向、目标、政策和战略，同时制订详细的规划，实施政策、战略，最终实现公司的目的和基本目标。

战略管理的发展主要有以下几种观点：钱德勒的资源配置战略、安索夫的市场战略矩阵、迈克尔·波特的竞争战略理论、波士顿咨询公司的波士顿矩阵等。战略管理在学校之中具有重要作用。战略管理要求管理者不仅仅关注当前的发展状况，还应该着眼长远，思考学校长期的发展路径。

### （二）权变管理理论

世界万事万物都是处在消长变化中的，社会、组织和人必须依据当时的情形而调整自身的行动。同样，学校为了适应形势，也需要改变管理策略。通俗来讲，管理权变就是管理变化，即管理者根据不同的管理环境、管理对象和管理目标条件，确定和应用最适用的管理理论、管理方式、管理手段和方法。通过管理权变，管理者改进管理方式，采用因人而异的管理方法、变换自己的管理风格等，实现与管理对象、管理环境之间最有效的和谐配合，使管理更有成效。可以说，不懂权变，就等于不懂得管理。众所周知，管理得以进行的条件是对人、财、物、时间、空间、信息这六个方面的合理整合与应用。因此，管理权变的基本原理是分析上述六个方面后，将管理手段和方式与管理目标、管理对象和环境条件匹配起来。权变管理主要有以下几种模式。

第一，因时而异。指因时代发展而导致组织环境和管理对象发生变化，管理方式和手段应与时俱进，管理者应对之做出适应性调整。第二，因地而异。管理者因所处职位不同及组织所处的环境条件改变而做出调整。第三，对象因人而异。由于管理对象在自身素质、观点成熟度、个性等方面存在差异性。管理者除了要有作用于整个工作群体的管理方式和手段之外，还应该有针对性的，作用于群体中个人的或具体情况的管理方式和手段。众多学者对于权变理论进行了描述，如费德勒的领导权变模型等，是对管理者如何进行权变管理的很好的范式。

### （三）文化管理

文化管理在某种意义上来说，就是组织文化的运用。文化管理强调了管理的三个方面：第一，要以人为中心实施人性化的管理；第二，管理过程必须贯彻并体现一套完整的价值观念体系，并以此激发员工积极进取；第三，管理者在管理方式上要将理性与非理性结合起来，在科学管理的制度化、规范化和科学化基础上，增加人性化管理的情感因素。

企业文化管理就是以人为中心的管理，强调以人为本，坚持把人作为企业管理和一切工作的中心，把关心人、满足人、发展人、完善人作为企业管理的主要目的。而学校的文化管理是基于"文化人"的人性假设，是一种通过个体价值观来规范其行为的管理方式，属于柔性管理，其特征包括组织共享价值观、以人为中心等。文化管理强调尊重人、调动人的积极性、强调物质管理和精神管理的统一。可以说，文化管理是一种以文化为中心的管理理念，它是现代管理理论发展的趋势，是管理理论和实践发展的新阶段。文化管理与行为科学管理有相似之处，但是文化管理并不是对行为科学的重复。它充分发挥了文化在管理中的作用，同时它结合人的心理及生理特征等，把以人为本的思想引入管理之中。

### （四）系统管理

管理是对人、财、物、时间、空间、信息六大因素的整合与运用。而在实际的组织中，这六大因素并不是单独存在的，它们是一个相互联系、相互作用，按照一定的功能目的结合而成的有机整体。若它们的各个因素都处在孤立状态，则不具有整体的特定功能。正是因为各种组织因素构成的系统相互交织、相互依存，所以管理者对组织系统必须实施系统管理，必须掌握、运用系统原理和系统观点来指导管理实践。詹姆斯·罗森茨维克在1970年《组织与管理——系统方法与权变方法》一书中指出，组织可以被看作一个开放系统，它与环境相互作用，主要由五个部分组成：目标与价值子系统、技术子系统、机构子系统、社会心理子系统、管理子系统。管理者必须把各个子系统以及它们在具体环境中的活动结合起来，并使之平衡。系统管理指管理者运用系统原理和方法，对管理系统及各组成要素进行系统观察、系统思考和分析，通过系统决策、系统控制，实现组织和管理系统的整体优化。从上述定义可以看出：系统管理强调了管理者要分析复杂的管理对象，研究组织系统的各项资源的优化配置使用，确定最优的实施方案或行动计划，实现组织系统的预期发展目标和获得最满意的经济效果。它综合运用了系统工程的观点、运筹学的方法、控制论的观点以及信息技术和统计学的内容，对组织系统进行合理、客观的安排，从而达到最优化的效果。

20世纪80年代以后，管理又现了新的思潮，如7-S框架、学习型组织理论、Z理论等。

7-S框架是由托马斯·彼得斯和小罗伯特·沃特曼等人设计的一种实用性很强的管理模型。他们认为任何管理工作至少要涉及相互关联的七个变量：战略、结构、体制、人员、技巧、作风和共同价值观。

学习型组织产生的社会背景是人类开始渐进性地由能源经济走向知识经济。21世纪的人不应仅是泰勒和法约尔曾说的"经济人"，也不应是海奥所言的"社会人"、马斯洛所说的"自我实现的人"以及薛恩所称的"复杂人"，也不仅是20世纪70年代戴维斯在研究组织文化时说的"组织中的人"，或是20世纪80年代盛行企业文化时所指的"文化人"，而应是能系统思考的、不断超越自我的、不断改变心智模式的、积极参与组织学习的、能在共同远景下努力发展的、把学习看成生命有机构成部分的、自我发展的"学习型的人"，学习型的人生存的空间应是学习型组织。学习型组织并没有固定的一种模式。1965年，美国哈佛大学的佛瑞斯特教授发表的《企业的新设计》一书中给出了学习型组织的一些基本特征：组织结构扁平化，组织信息化，组织不断学习、不断调整组织内部的结构关系等。在这些模式中，可以说美国学者彼德·圣吉提出的"五项修炼"是流传较广的模型。这五项修炼即系统思考、超越自我、改善心智模式、建立共同远景、团队学习。除了该种模型，还有沃尔纳的"五阶段模型"、瑞定的"第四种模型"等。

Z理论是20世纪80年代初，由日裔美国管理学家威廉·大内提出的，他通过对日本和美国的一些典型企业进行研究，进而得出日本经营管理效率比美国较高的结论，并于1981年出版了《Z理论——美国企业界怎样迎接日本的挑战》一书，由于其管理思想的先进性，受到了各国管理学界和管理学者的注意。Z理论主要的观点有：企业应该采用终身雇佣制，这样有利于使员工产生归属感，增强其安全感和责任心，使其与企业共荣辱、同命运；企业的管理体制应保证使下情得以充分传达；应让职工参与决策，及时反馈信息，特别是在制定重大决策时，应鼓励基层的职工提出建议，然后再由上级集中判断，这不仅有利于全面考察企业当前的问题，同时在实施的过程中也会更好地得到解决。总之，Z理论避免了以往A型组织的种种弊端，使企业更加具有竞争力。

# 第二节　学校战略管理规划

20世纪80年代以来，伴随着经济体制改革的推行和深化，我国的教育体制管理领域发生了深刻的变革。由此造成的办学形式多样化、学校自主权扩大、校际竞争加剧等形势，加之人民生活水平的日益提升，使社会各界对教育的期望不断提高，使各级各类学校都面临着新的生存和发展的重要问题。在当前社会环境急剧变化所带来的机遇和挑战面前，学校唯有从根本上转变自身的办学理念、管理思维和发展方式，才能实现学校的内涵发展、优质发展乃至卓越发展。而发端于企业组织的战略管理以其独有的魅力，受到了教育管理领域的青睐，日渐成为众多学校进行学校发展与变革的重要管理理念和思想。如今战略管理所蕴含的战略分析、战略规划、战略评价等一系列核心词汇逐渐进入学校管理的理论与实践中。由于这些关乎学校组织长远、深度发展的管理理念、方式和行为，能够为学校赢得竞争优势，使学校实现可持续发展，因而备受教育界的密切关注和广泛应用。比如，当前几乎成为各级各类学校的规定行动——学校发展规划的制定便是例证。尽管战略管理对于学校组织的发展正在变得越来越重要，学校也在一定程度上认识到战略管理思想对于学校发展的重要意义，但是，学校组织对于战略管理的概念、特征以及学校战略管理的概念、特征、作用，学校战略管理的模式、环节，以及学校发展战略的制定、实施与评价等方面内容还有待进一步认知和理解。

## 一、学校战略管理概述

由于学校组织有别于企业、公共部门的特殊性质，源于企业管理领域的战略管理进入学校管理领域，必然会有与企业、公共部门不同的概念、特征和作用。因此，对学校战略管理的探讨首先就要对战略管理的概念与特征，学校战略管理的概念、特征与作用进行简要分析。

### （一）战略管理的概念与特征

#### 1. 战略管理的概念

要探讨战略管理的概念，首先必须对"战略"一词有基本的了解。战略一词最初起源于军事著作，其主要意思是"在战争中实行的一套克敌制胜的策略"。而对战略一词进行多维度阐释的是亨利·明茨伯格的五种规范说，即计划（Plan）、计策（Policy）、模式（Pattern）、定位（Position）和观念（Perspective）构成了所谓的战略5P。战略是一种计划，战略是一种计策，战略是一种模式，战略是一种定位，战略是一种观念。这种对战略的五种解释，也可以被视为战略的五种性质，其已经体现出战略一词所蕴含的多维度、多层次内容与意义。

国内外不同学者站在各自的角度，对战略管理做出了不同的界定。美国著名战略管理专家弗雷德·R.戴维教授将其界定为，制定、实施和评价使组织能够达到其目标的、跨功能决策的艺术与科学。战略管理的目的在于对市场营销、财务会计、生产作业、研究与开发及计算机信息系统进行综合的管理，以实现企业的成功。显然，这一概念是从战略管理的目的角度来界定的，突出强调战略管理的过程性、综合性和科学性。还有学者从过程论的角度界定了战略管理，认为战略管理系指规划、执行、追踪与控制组织战略的过程。此外，保罗·C.纳特和罗伯特·W.巴可夫也把战略管理定义为一种计划模式，包括六点内容：第一，根据环境发展趋势、总体方向及标准概念表述组织的历史关联因素；第二，根据现在的优势与劣势、未来的机遇与威胁分析判断目前的形势；第三，制定出当前要解决的战略问题议程；第四，设计战略选择方案，以解决需要优先考虑的问题；第五，根据利害关系人和所需要的资源评价战略选择方案；第六，通过资源配置和对人员的管理实行需要优先考虑的战略。这种界定从本质上来看，也是从过程角度对战略管理做出的界定。

我国学者张成福实行把战略管理界定为，"管理者有意识地选择政策、发展能力、解释环境，以集中组织的努力，达成目标的行为"。这种把战略管理界定为战略管理的主体行为，在本质上也是从战略管理的目的角度来定义的，即这种行为是战略管理主体为实现组织目标而做出的行为。

综合上述国内外学者对战略管理的各种界定，本书认为，战略管理是指组织确定其使命和发展方针，根据内外部环境设定组织长远发展目标，决定目标实现的基本途径、资源配置，以及在实施过程中进行控制的一个动态管理过程。综观不同学者的不同见解，战略管理可以被归纳为两种类型，即广义的战略管理和狭义的战略管理。广义的战略管理是指运用战略对整个组织进行管理；狭义的战略管理是指对战略管理的制定、实施、控制和修正进行的管理，是决定组织长期发展问题的一系列重大决策和行动。本书的战略管理采用狭义的理解。

**2. 战略管理的特征**

战略管理的特征有：一是战略管理是具有未来导向性的；二是战略管理着重于长远的、全局的谋略；三是战略管理是一个组织发现自身优势、劣势、寻求发展机会、识别威胁的过程；四是战略管理是具有持续性与循环性的过程；五是战略管理是前瞻性思考和由外而内的管理哲学。

## （二）学校战略管理的概念、特征与作用

### 1. 学校战略管理的概念

战略管理之所以能迅速进入到学校管理领域，一方面，是由于战略管理在组织发展中具有方向性、长远性和全局性的意义，能够引导组织取得卓有成效的进步；另一方面，则是因为20世纪80年代以来的校本管理思想的盛行所带来的学校自主权的扩大，学校开始反思原有的目标管理、质量管理、制度管理等操作性管理的分散性弊端，逐步根据学校自身实际思考关涉学校发展的远景目标、前进方向等重大可能机遇问题，将战略管理理论逐步应用到学校管理中来。

学校战略管理是对学校的教育活动实行的总体性管理，是学校制定和实施战略的一系列管理决策与行动。显然，这一界定是套用战略管理概念而来的，只是替换了战略管理活动的内容，即改为对围绕学校的教育活动进行的战略制定、实施和评价等一系列活动。这种界定也是研究者从战略决策的角度上做出的，强调对学校管理的总体性、连续性和过程性。就目前已有学校战略管理（包括高等学校管理）研究成果来看，许多研究者无意于对学校战略管理概念进行过多的界定，而把更多的注意力放在分析学校战略管理的特征上。造成这种现象的原因或许是许多学校战略管理研究者和管理人员看到对学校战略管理概念进行探讨没有太多的实质性意义。而对于学校这一特定组织的战略管理来说，对其特征和作用进行分析和阐释，更有助于学校战略管理行动的开展。

### 2. 学校战略管理的特征

学校战略管理的特征包括以下几个方面。

第一，战略管理更加注意管理的全局性；第二，战略管理比较讲究谋略；第三，战略管理比较重视学校与环境的关系；第四，战略管理重视激励学校成员。

高校战略管理与企业战略管理的不同主要表现在于大学组织的特点上：一是大学是二元权力结构的组织；二是大学是高度异质化的组织；三是大学是高度趋同化的组织；四是大学组织结构具有"松散关联"的特点。正是由于上述几个特点，高校战略管理要实现以下几点：取得大学教授对学校战略价值的认同；不仅要使学校战略管理规划发挥垂直体系与水平体系的功用，也要发挥上层与基层组织的主动性；要把有限资源用于战略性、关键性的发展领域；避免集中压力、集中风险。高校战略管理的三个基本特征包括复杂性、灵活性、差异性，是相关研究者将之与企业、商业其他领域战略管理比较之后得出的。在复杂性特征方面，主要表现为高校面临的是全局环境、要面对难以实现利益相关者之间的利益平衡的情况、要研究"人才"产品的发展和特点。在灵活性特征方面，主要表现为高校战略管理要关注处于不断变化的动态的环境和组织、学校战略规划要给予学术专家权力和能力。在差异性特征方面，主要表现为各个

高校的巨大差异性和特色性。

### 3. 学校战略管理的作用

（1）有利于学校的长期稳定的持续性发展

在社会这个大系统中，任何组织都必须不断地跟外界物质、资源发生交换以获取自身发展所需的养分、能量才能保持自身的持续、稳定发展。学校组织自然也不例外。尤其是在当前转型性社会发展背景下，教育变革不断深化、速度不断加快，这都对学校自身的发展方式和管理理念提出了更高、更新的要求，以便能够使学校不断适应和应对内外部环境的变化，甚至能够在预见内外环境的变化趋向的基础上，主动制订自身未来一个时期的发展战略规划，从而使自身的发展能够保持在一个较高的水平和层次上。而能够实现上述目标的一个重要手段就是学校审时度势，在的每一个发展阶段，制定出未来的发展战略。战略是组织针对环境和自身条件所选择的长远发展对策，通常包括组织的长远目标，以及为实现这些目标所需要采取的行动方案和指导资源获得、分配和使用的政策方案。其突出特点是全局性、长期性和纲要性。学校只有充分运用战略管理的思想和思维方式，才能充分发挥战略在学校发展中的作用，也正如高鸿源教授所指出的，战略管理是对组织未来发展态势的思考、规划和行动，它不仅对组织现状做出判断，也要将组织放在环境发展的框架中，帮助组织分析新出现的社会要求，分析竞争对手的发展，还要揭示组织过去遗留下来的弊病，在此基础上形成组织新的发展战略，使组织在更高的起点上再造辉煌。正是由于战略管理能够帮助组织全面分析现有优势与不足，精准定位未来发展目标，并能够从整体的、系统的角度去配置组织内外部资源，并为实现目标而实施有序的决策策略，其对学校发展的作用变得日益重要，成为当下绝大多数学校规划学校发展时所首选的学校管理理念和方式。

（2）有利于学校保持与创造竞争优势

随着我国教育市场化程度的进一步加深，教育组织之间的竞争将进一步加剧。在这种情况下，学校采取何种学校发展战略，运用何种发展方式，在保持现有特色和优势的基础上，去拓展和增强学校未来发展的核心竞争力，是当前每一所学校都需要思考的重要问题。因为在当前校长负责制和学校自主权不断扩大的背景下，每所学校都在反思和探寻基于学校客观实际的特色、内涵乃至卓越发展之路，概而言之，在社会发展和教育发展取得巨大成就的今天，人们对上"好学校"、享受优质教育的需求日益提升，致使学校为建设优质学校而产生的校际的竞争日益加剧，学校如何保持和提升自身核心竞争力与优势显得异常重要。

学校核心竞争力的增强是学校实现优质发展和卓越发展的重要目标，也是学校战略管理的核心思想。战略管理的目的就在于通过战略规划的制定、实施和评价来促进组织远景目标的实现。学校在战略规划的制订过程中，首先要分析学校组织内部的优势与劣势，竞争对手的优势与劣势，学校外部对于学校发展的期望与需求，从而确立学校发展的使命任务、近期目标、远景目标，并据此制定为实现这些目标的一系列具体措施和行动策略。学校在战略规划的评价过程中，可以敏锐地识别和察觉外部环境的各种变化，并预见变化趋势，及时对学校发展战略进行调整，做到趋利避害。而学校在预见社会发展需求时，也能够不失时机地把握外部环境变化对于学校发展的需求，从而创造适应社会需求的、新的学校发展优势。这不仅能够使学校的发展始终与社会发展同步，也能够为学校下一阶段的发展战略的制定，打下坚实的基础，还是学校组织探寻新的发展方向的重要切入点。

学校战略管理思想和方法可以保证组织在变动的环境下，选择适合自身特点的发展战略，使组织获得较大利益，立于不败之地。通过制定和实施战略，学校可以充分发挥自身优势，更好地利用外部机会，进而保持和创造创造竞争优势。

（3）转变学校领导者的管理思维方式，增强责任意识

从人的角度对战略管理进行的界定，着重强调了战略管理者的管理思想、意识、观念、能力、作用与价值。具体来说，战略管理要求管理者要有意识地选择政策、发展能力、解释环境。这就要求管理者必须有战略性的思维方式。这种战略性思维方式是一种全局性的、系统性的、动态性的思维，能够使管理者改变以往局部看问题的固有思维范式，在对学校发展战略分析和选择上进行多维度的、系统的考量，从而做出最优的决策选择。

此外，从战略管理所要求的思维观念和方式的要求上也可以看出，在战略管理的整个过程中，组织管理者在战略管理过程中具有较大的责任和使命。这种责任和使命主要表现在以下三个方面。一是在战略规划的制定过程中，管理者具有全局意识，做出与目的性和规律性相统一的决策行动。具体来说就是管理者要能够从全局的角度思考学校发展战略的使命和目标，系统分析学校组织发展所面临的机遇与挑战，也要发动组织全体成员参与到学校发展战略的制定过程中来，力求做到发挥组织成员的集体智慧，开启学校组织发展的成功之路。二是在战略规划的实施中，管理者要成为学校发展规划实施的先行者，在完成自己工作任务的同时，也要了解学校发展规划的实施进展，并给予各种指导和支持，争取及时排除实施中的困难与问题，提高学校组织成员的整体执行力。三是在整个学校发展战略过程中，管理者要做到全程评价。总之，战略管理思想在学校管理中的运用，能够使学校管理者站在更高的位置上，审视学校发展的路径和方法，从守业型领导向开拓型领导转变。学校管理者在把已经开发的领域做好的同时，勇于放弃旧的项目和领域，主动开拓新的项目和领域，努力做到"人无我有，人有我优，人优我新"，从而使学校组织的发展始终保持和创造新的核心竞争力和优势。

## 二、学校战略管理模式及环节

战略管理过程是决定一个组织未来的发展方向及执行达成该组织既定目标的有关决策的过程。这一理性的决策过程包含了组织战略的制定和实施两个不可分割的组成部分。尽管这一过程对于任何组织都具有普适性，但是由于战略管理思想源于企业组织，所以更多的还是特指企业组织的战略管理过程。然而，由于学校组织的特殊组织性质与企业组织、公共部门的组织性质存在着多方面的差异，学校战略管理过程也必然会呈现出自己独有的特征。因此，本节在探讨学校战略管理过程的模式之前，首先简要介绍和分析经典的企业组织和公共部门战略管理过程模式，以便更深入地理解学校战略管理模式的内涵和特点，以及与前两种模式之异同，之后对学校战略管理的基本环节进行简要的阐释，以期为学校战略管理的运用打下必要的理论基础。

### （一）企业组织战略管理模式

战略管理最初源于哈佛商学院一些教师所进行的案例研究，并被迅速应用到工商企业界，使众多处于困境或濒临破产的企业走出困境，并逐渐走向强盛。在多年的理论研究与实践探索的过程中，企业战略管理模式也从最初的"哈佛模式"演变为更加成熟的"格莱斯特模式"

格莱斯特的战略管理过程主要包括三个基本环节：战略制定、战略实施和战略评估。

就第一个基本环节的战略制定来说，制定组织的任务和目标是战略制定的起点，这两个方面也关涉到组织的使命、组织长期所要实现的远景目标和短期所要实现的执行性目标等内容。而 SWOT 分析（基于内外部竞争环境和竞争条件下的态势分析）是第一个基本环节的核心部分，主要包括内部资源分析和环境分析两部分内容，前者主要涉及组织资源、组织结构和组织文化等资源，而后者则不仅包括对组织内部环境和外部环境的分析，也包括对组织当前的环境和未来的环境的分析。在综合考虑企业的社会责任和管理价值之后，企业管理者就可开始进行战略选择，其中包括备选战略的识别、评估和选择三个小环节。当然，在备选方案的评估与选择上，企业管理者也必须要再次综合考量战略制定的各个步骤，即对该战略的任务、目标、内部环境分析和外部环境分析的综合，并最终选择适切的组织战略规划。

第二个基本环节是实施战略。在这个阶段中，企业管理者主要应考虑组织要素和职能政策两个方面。在组织要素方面，主要应考虑组织文化、结构、领导风格与报酬体系等几个方面。具体来说，就是在战略实施过程中，要注意企业文化调整，保证企业文化与企业战略之间的相互适应和协调；要注意企业结构调整，以更好实现战略目标；要注意艺术性地运用领导技巧，使领导风格与战略相适应；要注意对报酬体系的调整，谋求职工的积极合作，以促进组织目标的实现。同时，职能政策也是战略实施过程中所要考虑的另一个重要方面。因为政策能够把战略制定与战略实施连接起来，往往规定每个职能领域所要达到的目标和实施步骤。

第三个基本环节是战略评估。这是当前战略管理过程的一个重要阶段。事实上，战略评估阶段不仅仅包含对战略实施结果的评估，也包含对战略基础的内外部环境因素的评估，而这两种评估的最终目的更在于把控制评估出来的绩效偏差方法，以及内外部环境变化现状反馈到下一轮的战略管理过程中去。

总之，格莱斯特战略管理是一个系统化的过程，力求做到战略制定、实施的无缝衔接，体现出战略管理中思考与行动的整合。此外，它还突出强调了评估与控制这一环节，对评估与控制信息的反馈使战略制定、战略实施与战略评估、控制的循环形成。即形成对整个战略管理过程的循环，从而使组织活力无限，持续发展。格莱斯特战略过程正是由于其完整性、系统性和合理性而得到众多学者的认同。

### （二）公共部门的战略管理模式

尽管企业战略管理已经成为一种兼具系统性和合理性的战略管理模式，但是它并不一定在所有领域都一定能够适用。毕竟不同性质的组织存在根本的差异。美国学者保罗·C.纳特和罗伯·W.巴可夫在对比了公共部门和企业组织之间在实施战略管理时的不同特点后，探寻出公共部门独特的战略管理模式，即纳特-巴可夫模式，公共部门战略管理过程包含六个阶段：历史背景分析、形势评估、问题议程、备选战略、可行性评估和战略实施。公共部门管理者在完成这六个阶段的每一个阶段后，都需要重复进行探究、综合和选择三个步骤。此外，纳特和巴可夫还把战略管理小组作为另一类战略管理过程。该模式进行战略管理过程不是从明确的目标、任务开始，而从形成战略管理小组开始。由于各个部门存在着众多的利益相关者，战略管理小组的重要人员主要是代表组织内、外部利益和权力中心的人，他们不仅是组织进行战略管理的主体，也是组织变革理念的力量，还是组织创造关于如何进行变革的理念的力量。战略管理者的多元化是纳特-巴可夫模式的特征之一。

第一阶段是历史背景分析。战略管理小组要识别出那些反映了组织承受的压力的趋势、重大事件，并在此基础上确定组织的理想。这主要因为公共部门的目标非常模糊。而用目标可以为组织发展提供一个关于未来的理想图景。组织管理者可以运用自己偏好的语言将之表达出来。

第二阶段是形势评估，即SWOT分析。这就要求战略管理小组要对组织当前的优势、弱点和未来的机遇、威胁进行系统分析，并将它们分成不同的等级。与此同时，该模式还将人们的注意力直接引向主要利益相关者的价值观上，而不仅仅局限于高级管理者的价值观。

第三阶段是问题议程。由于组织的动态性以及其与它所处环境间的动态关系，使得战略问题议程会在一两年内发生变化，即新的议题会进入议程，不合时宜的议题会退出议程。在进行战略问题议程的分析阶段时，管理者不仅需要运用议题张力的方法，还要发现议题的争论点在何处这样，通过对议题的各种张力考虑分析，将组织拉向或推离理想的对立力量。这样不仅可以选出在战略管理中最关键的那种议题张力，还可实现对问题的全面、多视角分析，在解决问题的过程中更有可能实现双赢，即使没有突破性进展，张力以及它所包含的矛盾因素也能引起组织的全面注意，并激发组织的创造力。

第四阶段是备选战略。纳特、巴可夫也根据SWOT分析结果来设计方案。当然，他们在设计备选方案时，更加强调战略方案与环境类型、组织类型的搭配协调，全面贯彻了依托优势、克服劣势、利用机会、遏制威胁这些原则；

第五阶段是可行性评估。这一阶段的重要任务是对组织内外部的利益相关者和组织资源进行分析，其目的在于确定组织必须加以管理的关键人物和权力中心，并明确执行过程中必不可少的资源。在这一阶段，纳特和巴可夫提出，公共部门战略管理所面对的广泛利益相关者既可以是战略管理过程的障碍因素，又可以是组织发展的有利资源。这取决于战略管理者在面对利益相关者的时候，采取何种思路和方式。

第六阶段是战略实施。这一阶段主要涉及资源管理和利益相关者的管理问题。纳特、巴可夫认为，对于利益相关者和资源供给者，管理者必须使用指针手段不断加大持拥护态度的利益相关者对议题的支持力度，说服犹豫不决的利益相关者，孤立敌对的利益相关者。总之，采取各种手段，争取多数的利益相关者对战略管理过程的支持是战略管理成功的关键。而在资源管理方面，纳特、巴可夫则主张运用改变目标用户、再分配内部资源和募集资金三种方法，使组织资源的价值得以充分利用，使战略管理过程顺利进行。

### （三）学校的战略管理模式

由于学校战略管理的思想和实践来源和借鉴于企业战略管理，学校战略管理也基本上沿用企业组织战略管理模式的逻辑结构和过程思维，也就是说，学校战略管理过程基本上也包括战略制定、战略实施和战略评价三个阶段。但由于学校组织的特殊性，学校战略管理过程具体包括：明确学校发展远景，提出战略构想；分析外部环境，发现机会和威胁；分析学校内部资源，识别优势和劣势；重新评价学校宗旨和目标；制定学校战略；实施学校战略；评价结果这七个步骤。

#### 1. 明确学校发展远景，提出战略构想

学校远景是指学校未来发展所要达成的目标。当然，这一个学校未来发展要达成的目标必须具备两个条件：一是必须是清晰的、可信的、富有挑战性的目标；二是必

须由学校领导者提出并得到全校成员的理解和认同。

学校战略管理的首要工作就是要确定学校远景。因此，管理者要思考为实现远景。学校所应肩负的使命，在这个过程中也会不可避免地要分析学校外部需求和自身发展需要，为学校各项工作的开展和实施，提出学校发展的总体战略构想。

**1. 分析外部环境，发现机会和威胁**

学校组织与其他社会组织一样，不是独立存在的，而是作为社会大系统中的子系统，与社会大系统中的各个子系统不断保持和发生各种物质、能量的交换和互动。也就是说，学校组织的持续发展必须要跟学校外部环境的各种因素保持协调、统一，以获取其发展所需的各种能量。这些外部环境主要包括经济、政治、社会、文化、科学技术等诸多方面。正是由于学校组织受到上述诸多外部环境因素的影响，学校在制定发展战略时，首先就要分析学校外部环境，以发现和评估外部环境给学校发展带来的机会和威胁，从而做到趋利避害。

当然，由于机会和威胁并不是绝对的，即使处于同样的环境中，由于学校控制的资源不同，可能对某些学校来说是机会，而对另一些学校来说却是威胁。这就要求学校管理者要动态分析学校外部环境变化，要依据学校组织所控制的资源，对学校外部环境变化因素做出判断。

**2. 分析学校内部资源，识别优势和劣势**

学校内部资源是学校发展的基础，对学校内部自身的优势与劣势有清晰的了解，对于学校战略的制定必定会大有裨益。学校内部资源状况主要包括以下几个方面。

一是学校的财务状况。包括经费水平、资金结构的合理性、办学经费的潜力、财务管理制度的健全程度、主管财务的校长和财务人员的专业水平等。

二是学校的设施、设备和仪器状况。包括教学和生活用房的设施条件和管理分配合理性、利用率，学校设备水平、完好率，教育教学仪器的配置水平和利用率。

三是人力资源状况。包括领导班子状况、师资队伍状况、职工的积极性和工作热情、人力资源的发展潜力等。

四是学校的信息系统状况。包括汇报的及时性、决策所需信息获得的可能性、信息渠道的通畅性、各种资料库的建设情况、工作常规资料管理的条理化程度；信息系统的技术化水平、沟通速度；政策出台后的扩散速度；下情上传的速度；等等。

五是学校规范化程度。包括人事制度、财务制度、分配制度的全面性和合理性，各种职责、办事程序的明确性和合理性，重大问题的决策制度，等等。对于学校内部资源分析的目的不只是了解学校资源的一般状况，更重要的是使学校管理者知道学校的优势和劣势所在，在学校制定战略时，把学校的战略重点放在学校现有的优势上，集聚和拓展学校的办学优势，增强学校的核心竞争力。而对于学校劣势的认识，也可以使学校战略做出有针对性的部署。当然，在战略实施阶段，学校也可以对资源配置进行有倾向性的调整。

## 三、学校战略管理的基本环节

尽管不同学校的战略管理在阶段划分、具体步骤、思考内容等多个方面各不相同，但是从战略管理阶段所关注和考量的问题来看，似乎学校战略管理过程都可以被归结为战略规划、战略实施和战略评价三个基本环节。只不过每一个环节所要解决的问题和采用的方法有所差别而已。单就学校战略管理过程来说，由于学校独特的组织性质，其战略管理的三个环节所要分析和解决的问题，又表征出自己独有的内容和亮点。

### （一）战略规划

相关研究者于战略管理研究的早期对战略规划这一问题进行了较多的探讨，最有代表性的当属亨利·明茨伯格的"程序说"，即战略规划是一个以一体化决策系统的形成，并产生连贯协调的结果的正规化程序。明茨伯格从决策过程的角度来定义战略规划。这个定义在一定程度上反映了战略规划的过程性本质，对战略规划和战略管理的研究产生了深远的影响。我国学者陈振明教授在对西方企业管理学家和公共管理学家对战略规划具有代表性的定义的分析和梳理的基础上，认为战略规划的概念可以从以下三个方面去把握。

一是战略规划是对当前决策的预测；二是战略规划是一个发展的过程；三是战略规划是"决策—执行—衡量"的循环过程。由此可得出，在学校组织领域的战略规划是通过对学校内外部环境、资源和自身能力的分析，确立学校远景、使命，并为实现远景而进行的战略方案的选择、发展规划的制定等一系列工作的过程。这个过程主要包括战略思想与战略远景的确立、战略目标与战略重点的确定、战略环境与战略资源的分析，以及战略方案与具体措施的设计等多方面多维度的内容。具体来说，首先，学校应运用SWOT分析技术对学校内外部环境和资源进行分析，旨在对学校现有的发展水平、特色、能力等方面有一个清晰的把握，对学校组织机构、成员的问题或不足有清醒的认识，对学校外部环境变化的特点（如教育变革的方向、课程改革的趋向等）及学校教育的需求等方面有一个全面、深度的认识，对学校发展中的主要竞争对手有一个深入了解。其次，在SWOT分析的基础上，确定适切的学校战略定位和目标。最后，选择学校战略实施的方案，并进行相关措施的设计。

战略规划是确定战略目标、选择战略方案、制定发展规划的过程。就战略规划的产生和发展脉络来看，其从最初的战略管理的雏形，逐渐演变为当下兼具系统性和合理性的战略管理过程的首要环节。这里主要将战略规划放在学校战略管理过程的这个系统中来审视，换言之，也就是把战略规划作为战略管理过程的一个环节来看待的。战略规划主要的任务是对组织的内外部环境进行分析，探寻出发展的趋势，发现对组织发展构成的威胁和新的发展机会，以使潜在的利益最大化，而其目的主要是通过制定组织的战略或规划组织的行动方案，实现外部环境和组织自身的最佳组合。

## （二）战略实施

战略实施是战略管理过程的一个重要阶段。因为只有将战略规划所选择的战略行动方案落实在管理实践中，战略规划才能发挥作用。没有战略实施，战略规划再完美无缺，也是一纸空谈，不起任何作用。只有战略实施才能使战略目标转化为战略现实成为可能。换言之，战略实施是战略目标转化为战略现实的唯一途径。而战略实施是组织为实现战略目标，根据内外部环境变化调整组织行为模式的动态过程。这届要求战略管理者要不断地、适时地识别组织内外部环境和自身能力的变化，及时调整、修正和完善战略实施内容和环节。从学校组织角度来说，这就要求学校战略管理者要依据总体战略配置资源，同时把总体战略目标分解为各个职能部门和各项活动目标，然后用常规管理的各种手段推动学校良性运行，从而实现学校的整体目标。把战略目标拓展为战略规划并付诸实施是这一环节的主要任务。战略实施是一个精细的过程，需要权衡各方面的力量、条件和矛盾，需要管理者具有战略性思维，也需要管理者具有一定的战略实施艺术，即以战略目标为指南，灵活处理各种矛盾的能力。它是管理者把战略目标和自身发展实际紧密结合起来的过程，不考虑或没有充分考虑自身发展实际都会使发展规划出现某些偏差甚至严重偏差。而这些偏差是要通过对实施过程的反馈表现及对其认真全面分析才可得以纠正的。

总之，战略实施过程是实践的过程。只有对这一过程进行认真研究和总结，

才能发展战略性思维，对战略管理的全局才会有更为准确的认识。与战略规划环节相比，战略实施不仅对管理者提出理论要求，更要求管理者具有丰富的实践经验。

## （三）战略评价

战略评价是指评价者依据一定的标准和程序，对战略实施的效益、效率、效果及价值进行判断的一种行为，目的在于取得有关这些方面的信息，并将之作为战略变革、改进战略和新战略制定的依据。

战略评价是对组织战略、战略实施过程和效果进行系统性评估的过程。这一环节主要对战略的价值、战略执行的效果进行衡量与判断，以便为战略的调整、修正提供科学的依据。在当前组织内外部环境因素瞬息万变的背景下，战略评价在整个战略管理过程中的价值尤为凸显，日益成为战略管理过程链条中的重要一环。对于学校组织来说，进行学校战略评价，首先要认识和理解学校战略评价是一个动态的过程，这一动态的过程不仅要求对学校战略选择进行评价，也要求对学校战略实施过程与结果做出评价，也要求学校有计划、按步骤地进行活动，需要学校战略管理者事先思考战略

评价的影响因素，制定战略评价的基本标准，以及选择学校战略评价的方法。在具体实践中，学校管理者要对学校既定的战略和战略实施的进行状况做出评估，当发现既定战略的局部或整体已不符合学校当时的内外条件时，要立即找出差距，分析原因，采取纠正措施。这一过程实际上是反馈、控制和修正的过程。这一环节的运行效率在一定程度上决定了整个战略管理过程的价值的体现程度。因此，要保证这一环节的科学、准确、高效，就必须在评价之前确立一个合理的评价标准和与之相匹配的评价方法。这一标准不仅要有一定的稳定性，还要有一定的灵活性。学校管理者要站在战略高度以全局意识去评判和修正。

## 四、学校发展战略的制定、实施与评价

学校发展战略是学校战略管理的一个极其重要的内容。当前各级各类学校都着力运用战略管理的思想去思考和制定学校发展战略，以期保持和创造学校发展的特色和优势，并在日益激烈的竞争中拥有持久的核心竞争力。因此，这里根据学校战略管理的理论知识，对学校发展战略的制定、实施和评价三个环节进行较为详尽的阐释，以期为当前学校的发展战略的制定和实施提供一些具体的参考。

### （一）学校发展战略的制定

#### 1. 学校发展战略的内容

学校发展战略通常由三个要素由成，即学校使命、发展方针、发展目标，它们之间是递进的关系。使命和发展方针为学校管理者提供了一个广阔的发展视野；发展目标是学校发展的现实基础，它为学校管理者提供了具体标准和方法。

（1）学校使命

通常情况下，使命就像一个罗盘，指引着船只航行的方向。

使命有广义和狭义之分。广义的使命被限制在组织已经进行的工作的宏观范畴内，其优点是给出了广泛的使用空间，其缺点是比较模糊、不能很好地明确一个组织的重点。狭义的使命被限制在组织已经进行的工作的微观范畴内，它的优点是比较具体、明确，缺点是容易导致组织的创新和发展动力不足，进而丧失发展机会。

（2）发展方针

学校发展方针主要包括三个方面的内容：一是办学宗旨，包括对学校教育和学校管理的态度，对学生、家长、国家和社会的承诺以及兑现承诺的措施和方法必须遵循的原则；二是发展方向，包括发展目标和实现发展目标应遵循的原则；三是发展方针与学校总方针的关系。由于发展方针是学校总方针的重要组成部分之一，所以必须使发展方针与学校总方针协调一致，有时可以把学校总方针和发展方针结合起来，制定一个统一的学校教育方针。

（3）发展目标

学校的发展目标就是学校在一定时间内想要达到的办学水平，或取得的预期办学成果。相较而言，发展方针是总的宗旨、总的指导思想，而发展目标是比较具体的规定，是发展方针的具体化。

### 2. 制定学校发展战略的要求

（1）超前性

学校发展战略的超前性要求基于两点考虑：第一，发展战略本身的特点；第二，教育的滞后性特点。所谓十年树木，百年树人，所以学校在拟订发展战略时，还要考虑未来的结果。过去，我国许多学校在教育的超前发展战略方面，主要表现为对教育的重视和投入上，事实上，超前发展战略还包括另一层意思，就是对于教育内容、形式的安排要具有超前意识。因为教育具有滞后性，今天的教育并不是马上能为今天服务的，今天的教育是为明天、后天的社会服务的。

（2）明确性

从计划的角度来讲，作为一套完整的计划，大致要满足以下六点要求：①明确每一个时期的中心任务、工作重点和要实现的目标；②说明执行特定任务和实现特定目标的原因，这样，组织成员对待计划的态度，就可能是"我要做"，而不是"要我做"；③规定计划中各项工作的起止时间及进度；④规定计划的实施地点和场所，明确计划实施的环境条件和限制，合理安排计划实施的空间组织和布局；⑤规定计划的负责人、执行者和参与者；⑥明确实现目标和完成任务的措施、相应的政策和规则，以及控制的标准和考核的指标。

（3）客观性

学校发展战略的客观性有两方面的要求：一是主观设想与客观条件相一致；二是遵循客观规律，包括教育规律、管理规律和社会发展规律等。

学校管理者应从实际出发，针对实际情况，特别是存在的问题，做到有的放矢，体现特色。不同的地区、不同的学校、不同的部门有不同的特点。存在的问题不同，学校所选的突破口应不一样，具体的战略定位也应不一样。

（4）灵活性

为了应对变化和没有预计到的情况，制定的战略要灵活。学校管理者在制定战略时要做到两点：第一，在安排资源、决定任务时不要安排得过满，定得太高，要留有余地；第二，要充分考虑出现多种情况的可能，并分别设计出对策。

（5）连续性和协调性

连续性和协调性指的是发展战略在时间上要前后衔接；在层次、门类上要配套。要做到这一要求，首先，学校管理者要注意，中期计划的制定要以长期计划为指导，与长期计划紧密结合起来，短期计划的制定要与中、长期计划相衔接，本期战略的制定要以前期战略的执行及执行后的结果为出发点。其次，局部战略的制定要以整体战略为指导和依据，与整体战略相配合。

### 3. 学校发展战略制定的过程

学校战略管理过程是一个包含战略制定、战略实施和战略评价的完整过程。那么，学校最为重要的发展战略规划的制定通常包括以下几个步骤。

（1）确定当前学校的远景、使命和发展目标

在制定学校发展战略的初始阶段，学校管理者需要凝练和概括一个能够得到全体师生认同的清晰、共享、富有挑战性的学校发展前景；同时，还要根据外部需求以及学校自身发展的需要，初步确定学校的使命，即学校的办学目的。在远景和使命确定之后，就要制定能够使使命成为现实的发展目标，以通过目标使使命具体化。可以说，学校的远景、使命和发展目标的确立是学校发展战略制定的起点或前提。

（2）进行SWOT分析，识别优势与劣势，发现机会与威胁

SWOT分析是目前战略管理与规划领域广泛使用的分析工具，是一种综合分析评价组织内部条件和外部环境的各种因素，进而选择最优战略的常用方法。

一般把组织的优势、劣势分析叫作内部环境分析，这些内部环境主要包括：第一，学校的财务状况；第二，学校的设施、设备和仪器状况；第三，人力资源状况；第四，学校的信息系统状况；第五，学校的规范化程度，如人事制度、财务制度、分配制度、重大问题的决策制度等。一般把组织的机会和威胁分析叫作外部环境分析。这些外部环境主要是指组织外部的一切环境因素，如经济环境、政治环境、文化环境、教育环境和科学技术环境等诸多方面。

SWOT分析的关键就是对组织内外部环境进行分析，并在此基础上形成行动战略。

优势和劣势是指学校自身资源方面的状况。优势是指相对于竞争对手或其他同类学校，本校与众不同的资源方面。劣势是指相对于竞争对手或同类学校，本校存在的明显处于弱势的资源方面。优势和劣势是相对的，通常与学校选择的对比范围有关。当然，不能随便选择对比范围，该范围要与本校业务和工作可以伸展的范围一致。选择的对比范围过大或过小都会夸大优势或劣势，从而导致对学校优势和劣势的错误估计。

机会和威胁是指学校外部环境对学校的潜在影响。机会指的是外部环境中可以帮助学校达到渴求状态的因素。借助外部机会，学校能得到更好产生发展或突破性的成长。威胁指的是外部环境中对学校发展或达到渴求状态产生阻碍甚至危害影响的因素。应该注意的是，各种威胁对学校的影响不是一成不变的。它们对于某些学校是重大威胁，而对于另一些学校可能只是一般的威胁甚至不是威胁。就是对于同一所学校，在不同时期，同一种威胁对学校工作危害的程度也可能是不同的。

目前有四种战略对策可供管理者选择。第一，WT战略对策：避开劣势和威胁，

即通过克服劣势的办法来应对外部威胁，或不与威胁正面交锋。第二，WO 战略对策：借助机会克服劣势，即利用外部大好时机弥补自身不足。第三，ST 战略对策：借助优势避开威胁。第四，SO 战略对策：借助优势利用机会，即把自身的优势和外部条件都发挥到最大限度。

上述每种战略对策都不是简单的单一战略对策，而是组合战略对策。学校实际的战略对策覆盖 SWOT 表的所有范围，即同时包括 WT、WO、ST、SO 四种战略对策。运用 SWOT 分析方法的主旨在于给出一个有关组织内外环境、问题集中的图表，并激励组织发挥其优势，以便最大限度地利用机会，规避风险。

（3）重新评估学校的使命和目标

第一个步骤中确定的使命和目标只是初步的，需要进一步评估，需要管理者把学校的优势、劣势与环境中的机会、威胁结合在一起，对使命和目标进行评估。如果需要修改组织使命和目标，则战略管理过程可能要从头开始。如果不需要改变组织的大方向，学校管理者就可以进一步制定比较具体的战略了。

（4）选择战略

在对环境和学校资源综合分析的基础上，学校管理者可以根据学校的优势、劣势和环境中的机会、威胁，做出适合学校发展的使命和目标，并据此选择兼具可行性和合理性的发展战略。

## （二）学校发展战略的实施

学校发展战略的实施是一个包含诸多环节或功能活动的过程。从目前学校发展战略实践来看，其主要包括分解目标、优化资源配置、调整组织结构、建立和完善相应的制度和机制等环节。

### 1. 分解目标

学校发展战略中的目标往往是组织的长远目标和总体目标。长远目标和总目标往往是笼统而抽象的，不便于操作，这就需要把长远目标逐年加以落实，把总目标分解为具体的小目标，并逐层落实下去。

国外许多管理学者在强调目标分解的重要性的同时，更强调"纵向到底、横向到边"的目标分解原则。所谓"纵向到底"就是从总目标开始，一级一级从上向下，从学校整体目标到部门目标再到个人目标层层展开。"横向到边"是指在目标的横向分解中每一个相关的职能部门都要相应地设立自己的目标，而不能出现盲区，也不能出现重叠点。

在分解目标时，学校管理者也要注意防止出现目标置换现象。所谓"目标置换"是指分目标的执行者把分目标看作最终目的，而不是把它看作实现总目标的手段，因而导致即使这些规章制度已经有悖于总目标的宗旨，执行者也僵化地遵守分目标所规定的规章和制度。

#### 2. 优化资源配置

战略的实施必须有一定的优质资源作为保证。而对于任何一所学校来说，人力资源、物力资源、财力资源总是有限的，不能满足学校所有工作的需求。

在这个时候，学校领导者或管理者就需要对战略规划的各项工作进行审视，力求把学校有限的资源能够用在最重要和最需要这些资源的地方，使有限的资源产生最大的效果。这可以从全国众多飞速发展的大学的战略实践中得到印证。

#### 3. 调整组织结构

学校战略规划的有效实施还需要有与之相匹配的组织结构，才能够使战略规划的各项工作有序运行。也就是说，学校组织结构的调整和设计，要根据学校战略实施的需求来进行。与此同时，在组织结构的调整过程中，学校管理者还要注意到组织结构中的人员安排和分工，力求使每个职位都由胜任力强的人来担任，以使组织战略实施工作更加高效。无论是根据战略实施的工作需求调整组织结构，还是选择合适的人做适宜的工作，学校管理者都需要具有做出变革的勇气和能力。因为学校发展战略的要求或许会改变学校现有的组织结构、人员安排，原有的既得利益者利益可能受损从而会反对、阻挠学校发展战略的实施。

#### 4. 建立和完善相应的制度和机制

任何一项工作的顺利完成，都必须有相应的制度和工作机制作为保障。因为，必要和完善的管理制度可以规范和指导组织和个人的行为，使其工作效率能够得到可靠的保证。一般来说，学校组织的管理制度主要包括教学管理制度、绩效评价制度、奖励惩罚制度、协调沟通制度和决策制度等。这些制度对战略执行者的工作任务安排、工作结果的处理、成员间的沟通协作等各个方面做了相应的、明晰的制度设定。这些制度的有效实施，必然能够促使战略执行者的工作井然有序地进行，推动战略规划的有效实施。而与战略实施工作相匹配的工作机制的建立，也可以协调和优化战略实施的各项工作任务，加强学校各部门之间的沟通协作，做到人力资源、物力资源的互通共享，使学校有限的资源发挥出最大的价值。当然，学校管理者应不断根据学校组织内外部环境的变化，不断完善现有的工作机制，以使工作机制不断得到改善，以持续发挥其应有的作用。

### （三）学校发展战略实施的手段

学校发展战略实施的手段是学校管理者为有效完成既定的战略任务，实现一定的战略目标，而采取的各种措施和方法。要完成不同的战略任务，就需要有与其相匹配的实施手段，否则，将直接影响着战略任务的完成和战略目标的实现。在学校发展战略实施中，学校管理者可以采取行政手段、组织文化手段和激励手段等。

### 1. 行政手段

要实现学校发展战略的顺利实施，学校管理者需要运用上级赋予其的学校管理权和惩罚权。因为权力的行使，可以推动学校发展战略工作在内的各项工作的开展。所谓行政手段，是指学校管理者依靠上级教育行政部门所授予的权力，采用行政命令、指示、规定及规章制度等形式来实施战略的方法。由于行政手段是管理者需要上级授予的具有强制性的权力才能够采取的，所以不仅是学校发展战略工作顺利开展的必要条件，也是学校其他各项工作得以正常运转的基本条件。试想，如果学校没有行政权力，学校各项工作会呈现出何种状态？正是由于行政手段具有强制性的特点，才能够有效调配学校所有的人力、物力资源，发挥其自身的固有价值。而在面对棘手问题时，学校管理者也能够迅速组织力量、集体行动来应对和解决。

### 2. 组织文化手段

所谓组织文化手段，是指学校管理者通过塑造具有强大内驱力的组织文化，使组织成员全身心地投入学校发展战略任务中去的一种方法。这种手段的作用的发挥，需要以组织文化的塑造为保证，因为组织文化是学校在长期活动中形成的、得到组织成员认同的目标、价值观、信念和行为规范，具有导向、约束、凝聚和激励的作用。尽管这种组织文化手段是一种软手段，具有隐形的作用，但是，学校组织文化一旦形成，便具有不可估量的力量，不仅能够修正个别组织成员的行为和偏好，使其形成趋向组织目标和价值观的行为，而且会促使学校组织成员为学校发展战略的实施释放自己全部的能量。但凡注重学校组织文化建设的学校，其发展的速度都是异常迅猛的。正是由于组织文化具有价值观的能动力，所以也可以把它看作学校战略管理的基础。

### 3. 激励手段

激励手段是组织经常采用的手段之一。在学校发展战略实施过程中，学校管理者需要发挥激励的作用，让学校战略执行者更加有动力地从事自己的工作。这里所讲的激励手段包括物质激励和精神激励两个方面。就物质激励手段来说，由于人们都有对物质的需求，物质利益的得失会影响人们做出一定的行动与选择。因此，学校管理者在战略实施过程中，要善于运用工资、奖金、罚款等来调配成员的各方面的经济利益，通过利益驱使战略执行者行动。

在运用物质激励手段的同时，学校管理者还应该注意精神激励手段的使用。因为，在学校组织里，学校组织成员不仅仅只看重物质利益，有时候更期望各种精神激励，如荣誉、鼓励、赞扬等。这些精神层面的奖励往往比物质层面的激励能发挥更大的作用。因此，为了促进战略的有效实施，学校管理者要学会综合使用物质激励与精神激励手段，做到两者的有机结合。

## （四）学校发展战略的评价

### 1. 学校发展战略评价的基本标准

评价标准的制定是进行任何一项评价活动的首要工作。一套系统、科学的评价标准，既可以保证评价工作的公正、有效，也能够使组织发现工作的成效与不足之处。由于学校与公共部门都具有非营利性质，学校管理者在制定学校发展战略的评价标准时，也可以参照公共部门战略评价标准。

（1）目标的一致性

目标的一致性是指在评价系统中，战略目标内部以及战略目标与评价标准、评价目的三者之间应一致。这是建立有效的评价指标体系的前提条件。具体来说，这种目标一致性主要包括三个方面：第一，评价标准与战略目标的一致性；第二，评价标准与评价目的的一致性；第三，评价目的与战略目标的一致性。

（2）经济的可行性

一个好的战略必须不能过度耗费可利用的资源。战略的最终和主要的检验标准是其可行性，即是否可以依靠学校组织自身的人力、财力、物力资源去实施这一战略。在评价战略可行性时，需要注意：第一，在实施该战略的过程中，组织的物力、财力是否充足；第二，是否具备了有效竞争的技术和手段；第三，是否有相应的管理能力作为保证；第四，是否达到了所要求的水平；第五，是否有所需的相对竞争地位；养六，当环境突然发生变化时，是否可以处理危机事件。

事实上，学校管理者在考虑经济可行性时，主要应考虑以下两个方面：一是衡量战略实施的结果是否达到了组织的预期目的，在多大程度上实现了既定目标；二是考虑战略实施的成本和收益，也就是说衡量战略实施的价值，以及是否值得花费这些成本去实施这项战略。在衡量战略的成本和收益的问题上，学校管理者还要运用成本—效能这一评价标准，以确保评价的非货币化趋向。

### 2. 学校发展战略评价的内容

在战略管理过程中，尽管战略评价是战略管理过程的最后一个环节，但是其评价的内容不仅仅是对战略实施结果的评价，包括对战略规划的制定和实施过程的全程评价。这种全程评价的目的在于确保战略制定和实施的正确运行，在发生偏差时，进行及时纠正。从而保证战略实施的绩效和战略管理目标的实现。学校发展战略评价主要包括检查战略基础、衡量战略绩效、修正和调整战略等内容。

一是检查战略基础。检查战略基础是指在实施一项战略之后，重新审视组织所处的内部环境。也就是说，组织在检查战略基础时，首先就要对组织的内外部环境再一次进行评价。其目的在于了解所面临的机会与威胁、优势与劣势等是否发生变化，发生何种变化，为何发生变化，是否出现新的机会与威胁，如何趋利避害。同样，组织在对内外部环境进行评价时，依然要确认和评价外部环境中的政治、经济、科技、文化等因素对组织战略目标和战略实施的影响，而对内部评价时就要评价学校内部的人力资源、财力资源、物质资源等方面。

由于学校组织处在社会大系统中，随着整个社会环境影响的变化，战略实施的条件也会发生改变。因此，对战略实施的评价是不可或缺的。

二是衡量战略绩效。衡量战略绩效是战略评价过程中的另一项重要活动。它主要是指将预期目标和实际结果进行比较，研究实际进程与计划的偏离，评价个人绩效以及组织在实现既定目标过程中已经取得的成绩 - 管理者在对战略绩效进行评价时，首先，要明确绩效的评价指标；其次，要设计科学的绩效评价原则、标准和过程；最后，要把考核的绩效反馈给学校组织，不能为了评价而评价，而要发挥评价的改进作用。

三是修正与调整战略。在战略实施过程中，由于组织内外环境的不断变化，战略实施会面临不可预知和不确定的环境，进而导致战略实施过程中出现不同程度的偏差。这就需要学校管理者通过战略评价及时发现偏差现象，找出原因，并及时采取必要的措施。如果战略规划的目标与现实状况相差甚远，学校管理者就可考虑重新制定新的战略。

# 第三章 学校管理的方法

学校管理方法是实现学校管理目标，开展学校管理活动所采用的各种手段、措施和途径。学校管理方法受一定的思想理论指导，遵循学校管理原则，并与学校各项工作的内容相适应。

学校管理方法是学校管理者为实现学校工作目标，完成学校工作任务而采取的手段、措施、途径的总称。学校管理方法就是学校管理怎么管，即学校管理的手段问题。学校管理者能否认真学习、研究并正确运用学校管理的方法，直接关系到自身管理工作的成败。学校管理的大量事例表明，凡是先进的学校或某一方面工作比较出色的学校，都是成功运用了有关学校管理方法的学校。

## 第一节 学校管理的行政方法

行政方法是指依靠学校行政组织及其领导者的权力和威信，运用命令、指示和规定等手段，通过学校组织系统对师生员工进行管理的方法。

行政方法运用于学校首先说明了国家对学校教育事业的介入，统治阶级的意愿和要求可以通过行政手段贯穿到学校教育之中；其次，也说明了学校有序、有效的教育活动和管理活动的开始。

### 一、行政方法的特性

#### 1. 权威性

行政管理方法依靠领导者的权力和、威信以及下级的服从，直接地影响和控制被管理者的行动。它要求下级在行动上与上级领导保持一致，服从管理的意志。

运用行政方法进行管理，实际上是行使政治权威而不依靠经济手段。它是以学校领导管理人员的权力和威信，去直接影响被管理者的意志，控制被管理者的行为。学校领导管理者权威越高，他所发出的指令接受率就越高。行政方法的运用要求学校成员和学校领导管理人员的行动完全一致。因此，学校领导管理人员的权威，是运用行政方法进行管理的前提，也是提高行政方法效率的基础。

在组织机构的权力范围确定以后，权威性大小的关键取决于学校行政组织中领导者的威信，而领导者的威信主要取决于领导者的人格影响。因此，领导者的人格影响实质上是行政方法能否最后真正发挥较大作用的关键。领导者的人格影响主要是指领导者履行职责的能力、努力和成效。

### 2. 强制性

学校组织及其领导所运用的命令、指示、规定等行政手段对学校成员具有强制性，要求学校成员必须遵循统一的思想、统一的行动、统一的纪律以及下级必须服从上级管理的原则。对于不服从学校组织及其领导命令的学校成员，学校组织及其领导有权采取相应的制裁措施。行政方法的强制性是保证学校工作能够正常运转的前提，但它不同于法律方法的强制性，前者在适用过程中具有一定的灵活性。

行政管理方法运用国家权力机构和上级行政领导机关所作的决议、决定、法令、规章等行政手段，具有强制性，领导者有权对被领导者不服从行政指令和违章的行为做出处理。但行政强制与法律强制有程度的差别。

### 3. 垂直性

行政命令、指示、规定等通常是通过学校行政组织系统自上而下，纵向垂直逐层下达的。下级只接受上级直接领导的指示，不接受任何横向指令。

行政管理方法是通过行政系统来管理的，因此基本上是"条条"的管理，采取纵向直线传达指令，下级只服从顶头上司，低一层只听上一层，指令只能实行垂直性传递，而横向传来的指令基本上是无效的。所以，在运用行政方法时，只能自上而下地纵向传达指令。

### 4. 时效性

行政方法的实施往往只对某一特定的时间和管理对象有效，对另外的时间和对象则无效，它具有一定的时效性，即随着学校管理对象、目的、时间等条件的变化而变化。命令、指示、规定等行政手段都具有较强的针对性，只对特定的对象在特定的时间范围内起作用；有较强的时效性，有利于迅速应对新情况，处理新问题。

## 二、学校行政管理的方式划分

### 1. 强制的方式

学校管理的行政方法所涉及的"强制"，并不等同于官僚主义的强迫命令，而是一种"非执行不可"的管理方式。在学校的日常管理工作中，常规的行政工作要及时、准确、协调一致地进行，学校领导的指令就必须有权威。但是，这种强制必须以行政组织正式授予的权力为依据，只能在某一职位所拥有的权限与职责的范围内对被领导者实行。

### 2. 示范的方式

在学校的行政管理事务中，榜样的力量是无穷的。如果"说服"是言教，那么"示范"则是"身教"。示范的领导方式就是领导者以自己的模范行动或通过宣传先进人物的先进思想和先进事迹，使群众学有榜样，赶有方向。俗话说"身教重于言传"，对学校领导者个人来说，其言行举止，都应当是学校师生行为的楷模，这样才能有吸引力和号召力。另外，学校领导者通过树立榜样，也可起示范的作用，激励学校成员向先进看齐。

### 3. 说服的方式

说服的方式是指学校领导者在工作中，通过启发、商量、讨论、建议等方式，使被领导者接受并贯彻自己的意图。这是一种极为重要的领导方式。单纯依靠行政命令的强制方式显然是不够的，还必须通过说服，使被领导者从思想上认清工作的意义、目标，以及可供选择的达到目标的途径、工作的程序和方法，从而自觉地、更好地适应工作的需要；同时，通过说服，还可以使领导者能够直接地、清楚地了解被领导者的需要和他们对工作的想法，以便恰当地调整工作的目标与进程，使学校工作得以顺利地进行。因此，学会运用说服的方式乃是学校领导者必须掌握的一项基本功。

## 三、行政方法的实施要求

行政方法是学校管理中的主要工作方法之一，由下其权威性、强制性和垂直性等特点，有利于对学校工作进行集中领导、统一指挥，工作效率较高。但由于行政的方法强调集中领导、统一指挥，常常容易导致官僚主义、强迫命令、独断专行和瞎指挥等错误倾向，忽视学校成员的需求，人为造成部门之间的隔阂，不利于学校成员主动性和创造性的发挥。

因此，在学校管理过程中，行政方法的具体实行要注意以下几个方面：

首先，要突出学校管理的目标导向。学校管理目标是学校一切管理活动的依据，既是出发点又是最终目的。只有学校管理目标明确，才能加强学校行政指令的权威性。同时，还要强调下级服从上级，但又不要多头领导，以免指令分散，使下级无所适从。适当集权，大权独揽，才能发挥行政方法的功能，实现对学校全局活动的有效控制。小权分散是为了调动学校各层次管理者的积极性。

其次，要处理好跨度和层次的关系。学校行政指令只能下达在本跨度内，然后通过层次逐级下达。各层次干各层次的事。要提高学校行政管理的效率，就必须减少学校管理系统的层次；但学校管理层次的减少，必然会带来学校管理跨度的增宽，过宽的管理跨度会加重学校管理者的负担，由此带来的损失可能更大。因此，在学校管理工作中，我们应该在学校管理跨度与学校组织层次之间求得某种适度。

此外，要责、权一致。在学校管理系统中，每一个管理层次、每一个管理者都必须明确自己的责任，并拥有相应的权力，才能保证学校管理行政方法的顺利运用。与此同时，要提高学校管理人员的素质。学校行政方法的管理效果受学校管理者个人品德、素质、水平的影响；学校行政方法的有效实施最终取决于学校管理者的权威作用。因此，学校管理者的素质水平如何，直接影响行政方法运用的成败。

# 第二节　学校管理的法律方法

法律方法是指依照国家有关教育的法律、法令、条例等规范性法律文件，对学校工作进行管理的方法。

法律方法也就是人们常说的"法治"。这里作为学校管理方法来讲的法律方法，不仅包括国家权力机关的教育法律的制订与实施，广义的学校管理法律方法，还包括由国家各级教育行政机关以及学校的各种类似法律性质的行为规范的制订和实施。

## 一、法律方法的特性

### 1. 强制性

有关教育的法律、法令、条例等规范性法律文件是由国家权力机关、各级教育主管部门，依照法定程序制订并颁布实施的，学校内部的各类人员都必须遵守，否则可以依法进行制裁。学校管理的法律方法的强制性特征，对保证学校管理系统的正常运转，维护学校正常的教学秩序具有十分重要的作用。同时，教育法规具有必须严格遵守和不可违抗的性质，学校的每个成员都毫无例外地要遵守，任何部门和个人都不允许违犯，不允许对法律、规范和制度的执行进行阻挠和抵抗，否则要受到国家或学校强制力量的惩处和制裁。

### 2. 规范性

学校法律规范是学校组织和学校内部成员行动的统一准则，对所有学校组织和所有学校内部成员都具有同等的约束力，即"法律面前人人平等"。教育法律和法规都有极其严格的语言，准确地阐明着一定的含义，并且只允许对它做出一种定义和解释。它的制约对象是抽象的、一般的，而不是具体的、特定的。

教育法律的规范性对调节学校与社会，学校内部门与部门，以及学校成员之间的关系具有重要作用。

### 3. 稳定性

法律的制订、修改和废止都必须按照严格的法律程序进行，任何组织或个人都不能够随意更改，所以法律一旦制订就具有相对的稳定性，在一定时期内可以重复使用。相比之下，行政方法则容易变化，具有较强的时效性。教育法律的稳定性是学校长期稳定发展所不可缺少的重要条件。

法律具有较大的稳定性。教育法规是党的成熟化、定型化、制度化的教育政策，它一经制订后，不经过法定程序，任何人都无权改变，具有高度的严肃性。"朝令夕改"，不利于教育法规（包括学校规章制度）的遵行。

### 4. 可预测性

各项教育法律和法规是以符号信息的形式表达的，由于这些信息的存在，学校组织成员有可能预见到组织对自己和他人的行为会有什么反应，人们事前可以估计到自己或他人的行为是合法的还是非法的，会有什么样的后果等等。

## 二、法律方法的作用

首先，学校管理法律方法的运用，可以保证必要的学校管理秩序。管理的关键在于信息和人、财、物的合理沟通。使用法律的方法进行学校管理，把沟通方式用法律、规范、管理制度的形式规定下来，就可以建立起法律秩序；可以使学校管理系统中的各个子系统明确自己的职责、权利、义务，使他们的沟通渠道畅通，并正常地发挥各自的职责，使整个学校管理系统自动有效地运转。与此同时，由于法律具有概括性和稳定性的特点，这就能把学校管理各方面的关系固定下来，从而加强学校管理系统的稳定性。

其次，学校管理法律方法的运用，可以有效地调节学校内部各子系统和各种管理因素之间的关系。学校管理的法律方法能充分运用自身的约束力，根据学校管理对象的不同特点和所给任务的不同性质，规定不同管理因素在整个学校管理活动中各自应尽的义务和应起的作用；并通过使用各种不同的约束方法，调节其适用程度和范围，来保证学校管理对象内外各种组织纵横关系的协调。

同时，调节作用是法律的基本职能。教育法规调节学校各个组织和部门纵的和横的关系，调节人与物、人与事、人与人、事与事之间的关系，使之协调一致。在保证教育法规的严肃性、稳定性的前提下，可以根据弹性原理，从学校的实际出发，制订与之相适应的教育法规实施细节、规章制度，并在学校的权力范围内，通过必要的修订来改变其约束的程度和范围，使之符合学校动态管理的需要。

此外，学校管理法律方法的运用，可以加强学校管理系统的稳定性。法律的基本特点是它的规范性、强制性和严肃稳定性。用法律的形式把行之有效的学校管理制度和管理方法规范化、条文化，明确规定下来，严格执行，能够加强学校管理系统的稳定性，提高学校的工作效率和管理效益。

教育立法，使学校管理有法可依，有章可循，统一认识，统一行动，这就能使系统的功效增长，提高工作效率和管理效益。

## 三、法律方法的实施

运用法律的方法进行学校管理，从本质上来说，是通过上层建筑的反作用来影响和改变学校的。法律方法对学校管理的作用是双重的，如果各项法律和规范的确定和实施符合学校管理活动的客观规律，就可以起到促进作用，否则，就会起到阻碍作用。

首先，学校管理者要加强法制理论的学习，树立依法治校的观念。教育立法是现代国家管理教育的基本依据和重要手段。我国教育工作的经验教训也证明：办好社会主义教育，不仅要依靠国家的教育方针政策的指导，还必须有教育立法、执法的保障。

教育立法是现代国家管理教育的基本依据和重要手段，为世界众多国家所重视。在新的历史时期，应当更多地运用法律手段来管理教育。学校管理是一种具有组织特性和权力特性的活动。具有管理功能的教育法律是发挥学校组织管理效能的一种重要手段，是科学管理的一个重要标志。

其次，教育法规和制度的内容要与整个学校组织内的道德水平相适应，偏低起不了作用，偏高将会造成司法的困难。也就是说，制订学校管理的各种法规时，要注意不可超越或脱离现实的各种条件，必须防止主观任意性。同时，要树立法制的权威性，有法必依，执法必严，违法必究，做到人人知法、守法。因此，学校管理者不仅要以身作则，还要注意提高师生员工执法、守法的自觉性。

此外，要加强教育法律法规的监督。对于教育法律法规的制订和实施的监督，是保证教育法律法规制订的正确、合法，教育法律法规的切实贯彻实施的重要措施。教育法规的贯彻实施，除了充分发挥党和国家权力机关、检察机关、行政机关的监督职能外，在学校，还要建立在学校全体成员自觉遵守的基础上，同时必须充分发挥党支部及其领导下的教职工代表大会、工会、共青团、学生会等群众组织的民主监督作用。在加强学校民主管理的同时，必须加强学校规章制度的建设，使学校管理民主化、制度化、法律化。

与此同时，实行完善的法律监督的前提是具备有效的法律机构和体系来保证法律的实施，注意司法工作的开展。教育法律法规的实施包括教育法律法规的遵守和对违反教育法律法规行为的纠正与制裁。教育法律法规的遵守是贯彻实施教育法律法规的基础。因此，必须加强教育法律法规的宣传教育，使学校干部、教师、学生和家长及其一切与学校组织有关的集体和个人增强法制观念,自觉遵守教育法律法规。

# 第三节　学校管理的经济方法

经济方法是指运用经济手段,按照经济原则,讲究社会经济效益的管理方法。即,通过运用诸如工资、利润、利息、税收、奖金、罚款以及经济责任制、经济合同等这样一些经济手段,组织、调节和影响管理对象的活动,以提高工作效率,促进社会经济效益的提高。管理的经济方法是相对于行政方法而言的。

## 一、经济方法的特性

### 1. 利益性

利益性是经济方法最根本的特性。它要求按照物质利益的原则,把学校教职员工的物质利益与其工作成果联系起来,充分体现按劳分配的原则。

在社会主义条件下,人们从事物质生产,最为直接的目的是满足人们的生活需要,也就是物质利益,人们对经济利益的追求成为生产发展的主要的内在动力。同时,在劳动仍然是人们作为一种谋生手段的情况下,绝不可忽视物质动力在调动教师积极性方面的重大作用。只有使教师的富有成效的工作获得相应的物质利益,才能更好地激发教师的工作热情,完成学校的各项任务。

### 2. 平等性

经济方法强调学校内部各部门、各成员获取经济利益的权力是平等的。即,在按照统一的价值尺度来计算和分配教职工劳动成果的前提下,使用各种经济杠杆和经济手段。

把商品经济积极的竞争机制引入学校,必须为教师创造一个良好的平等的竞争环境,在按照统一尺度衡量劳动成效和分配上,教师集体和个人获取自己物质利益应是平等的,因此也就具有公平合理性。

### 3. 多样性

学校有不同的管理部门,教工有不同的工作性质,因此,对不同地区的学校,对学校内部的不同部门,在不同的时间内,学校管理者所采取的经济方法是不同的。必须根据学校不同部门和不同人员的工作性质和特点,运用不同的经济方法和手段,以体现其合理性。

4. 一致性

学校的经济方法必须与学校的经济计划、经济能力相一致,脱离学校的经济能力,超越客观的经济条件,学校之间盲目攀比或生搬硬套,都会影响经济方法的有效性。

5. 间接性

学校管理的经济方法不直接干预或控制教职员工的行为,而是通过对教职员工多方面经济利益的调节,间接地影响教职员工的行为,

教职员工对这种影响有一定的选择权。

## 二、经济方法运用的基本要求

首先,学校管理经济方法的运用要以物质激励结合精神激励。运用经济方法会直接影响教职员工个人的物质利益,因而容易引导人们产生"一切向钱看"的拜金主义倾向,或者出现只顾个人物质利益的获取,而削弱学校工作整体观念甚至危及全局利益的倾向。因此,学校领导管理者在运用经济方法时,一方面要真心诚意地为教职员工谋利益,设法解决教职员工的住房问题,改善福利待遇,减轻家务劳动负担等;另一方面要加强精神激励,加强学校总体目标的教育,提倡互助合作精神。只有将物质激励与精神激励两者结合起来,才能真正发挥经济方法的效力。

其次,要正确对待教职员工的物质利益要求。有的领导者对教职员工有关工资、职称、住房分配等物质利益要求,动辄扣上"个人主义"的帽子,而不是认真听取群众意见,认真分析,积极采取相应的措施,以致不同程度地挫伤了部分教职员工的工作积极性,给工作带来损失。正确的态度应该是首先肯定教职员工物质利益要求的合理性,在这个基础上,充分分析各方面的原因和条件,积极满足教职员工的合理要求。对不合理的要求也要尽量结合教育的方法,通过晓之以理,动之以情来加以解决,切忌简单粗暴。

此外,学校管理经济方法的运用要坚持按劳分配原则,反对搞平均主义。经济方法应用的目的是调动广大教职员工的工作积极性,而平均主义无法达到这一目的,只有实行按劳分配的原则才能真正达到这一目的,但按劳分配原则的正确实施,需要建立在对教职员工劳动的科学评价的基础之上,而且要从实际出发,在拉开物质待遇差距的同时,考虑教职员工的心理承受能力,以免事与愿违。克服干与不干、干多干少、干好干坏一个样的旧习,促使教职工深刻理解多劳多得、少劳少得、不劳不得的分配原则。

## 三、经济方法的实施

在计划经济时代,学校管理中经济方法的作用十分有限,教育方法和行政方法发

挥主要的作用，但在市场经济条件下，经济方法的运用已经十分常见。任何学校管理者都不能忽视对经济方法的研究与运用。能否成功运用经济方法，常常成为决定学校管理工作成败的一个关键因素。

### 1. 教师管理中的经济方法

在学校教师管理中的经济方法，主要体现在工资和奖金两个方面。教师管理中经济方法的有效实施能够组织、调节各方面的经济利益关系，充分调动学校成员的积极性和创造性。

首先，我国现阶段实行的是国家统一规定的工资等级制度。现行教师工资制度则是以"官本位"为基础，机械地比照国家行政机关制订的。它的弊病在于将教师的职级与国家机关行政级别序列不恰当地对应，抹杀了教育工作和教师劳动的特点，扭曲了教师劳动的价值，从而降低了教师的经济地位和社会地位。

目前，工资体制改革已在一些学校开始推行，并且取得了积极的效果。其基本经验是：根据按劳分配的原则，实行教师工资和责任、工作量、职务级别挂钩；改革劳动人事制度，推行聘任制，实行双向

选择（校长有权聘任或不聘，教师有权应聘或拒聘）、评聘公开、面向社会、合理流动，这些经验可以借鉴。

其次，奖金是对超额劳动和突出贡献的报酬。学校管理运用奖金的经济手段，是根据经济方法的利益性特点，奖励超额劳动，鼓励先进，其目的在于充分调动教职工的积极性。

为了充分发挥奖金的作用，应当使奖金不仅与自己的工作成果相联系，而且与教师集体的工作绩效相联系，与学校的管理效益相联系。如，学校管理效益好，个人就可享受较多的奖金，反之则少。这样就可促进教师不仅关心自己工作成果的大小，而且关心教师集体和学校的工作。

### 2. 学生管理中的经济方法

经济方法不仅可以运用于教师管理，也还可以运用于学生管理。除了有偿培养、适当收缴学费（不含义务教育）外，根据一些学校管理改革的经验，有以下几种方式：

（1）优等生给奖。把单一的助学金制度改为奖学金和助学金结合，以奖学金为主的制度。或把"奖、助结合"改为"奖、贷结合"，把助学金改为贷学金，以此鼓励学生努力学习。

（2）留级赔偿、补考收费。学生因不努力而留级的，要承担一定的经济责任，进行经济赔偿；对那些虽不留级但需补考的学生，实行补考收费的做法。

（3）退学归偿。除义务教育阶段实行强迫教育以外，高中阶段以上学生的非正常退学，必须归偿培养费，以此控制随便退学的不正常现象，稳定学校的教学秩序。

# 第四节　学校管理的信息技术方法

学校管理的技术方法主要指现代信息技术的运用，学校管理方法随着社会的进步和学校管理实践的不断深入也在不断发展，其中最深刻、最具影响力的发展，正是现代信息技术在学校管理中的应用。

与此同时，学校管理如果不能有效地运用现代信息技术，就不可能实现真正意义上的现代化，就难以适应信息社会和市场经济的要求。学校管理者认真学习并掌握学校管理中的现代信息技术知识，对提高自身管理工作的水平具有重要的意义。

## 一、信息技术方法的特性

学校管理中的现代信息技术的内容十分广泛，卫星传输技术、双向视频技术、移动通信技术以及以计算机为核心的多媒体技术、网络技术、数据库技术等都可以应用到学校管理中来，而且，这些技术也正在呈现出一种整合或集成的趋势。但目前在中小学使用较广泛的还是计算机多媒体技术和计算机网络技术。

首先，计算机多媒体技术的主要特点有以下几个方面：

1. 集成性。可将多种媒体进行加工处理使之有机结合在一起，呈现出丰富的表现力，便于知识的理解和掌握。

2. 交互性。可以进行实时的双向信息交互，可用于支持教学过程，调动教师和学生在教学过程中的积极性。

3. 超文本特征。可以建立具有检索和导航功能的大容量知识库，用户可以任意选择路径进行检索和学习。

其次，计算机网络技术的主要特点有以下几个方面：

1. 检索速度快。用户可以根据需要迅速查找到需要的信息。

2. 信息来源广。用户可以在计算机网络上查找到自己需要的各种信息。

3. 参与性强。用户可以在网上自由发表意见或参与讨论，同时还可以用电子邮件进行通讯联络，既节省时间又节省费用。

## 二、信息技术方法的应用及意义

### 1. 计算机管理的应用

计算机管理的应用方式一般有两种：单机管理信息系统和网络管理信息系统。

单机管理信息系统通常是在单机上单独的职能性的事务管理信息系统，如财务管理信息系统、教务管理信息系统等，可以根据需要采取购买、自行研制或委托开发等方式建设。单机管理信息系统的优点是保密性好，但由于系统分散，各自为政，容易造成工作上的重复浪费，甚至系统与系统之间的数据冲突。

网络管理信息系统包括各类专用小型局域网络管理信息系统（如图书馆的借还书系统、膳食网络管理系统等）和将各类专用小型局域网络管理信息系统加以互联的校园网。网络管理信息系统相对于单机管理信息系统，在应用上更加复杂，需要更加专业化的分析、设计、建设和维护。网络管理信息系统的优点是可以实现硬件和软件资源的共享，虽然初期建设成本较高，但从长期应用来看是节约的。网络管理信息系统的缺点是，如果出现网络技术故障，整个网络管理信息系统的工作会受到影响，而且对网络管理信息系统还要在加强保密性，防止计算机病毒方面做很多工作。

**2. 技术方法在学校管理中应用的推广**

要在每一所学校的管理中，都有效地引进现代信息技术并非易事。现代信息技术虽然能在学校管理中发挥重要的辅助作用，但由于经费、领导者的素质等原因，能够真正用好现代信息技术的学校并不多。要在学校管理中用好现代信息技术，需着力做好以下工作：

（1）建立专门的技术机构

在学校管理中应用现代信息技术是一项专业性较强的工作。成立专门的技术机构，聘请专业人员，对学校现代信息技术的应用进行专门的规划、组织、指导是十分必要的。否则，这项工作就会陷入盲目状态，或在较低的水平上运行，难以发挥现代信息技术应有的作用。

（2）根据学校实际，搞好硬件和软件建设

现代信息技术在学校管理中的应用，需要从每个学校自身的实际出发，既要避免技术无用或技术恐惧的心理，又要避免迷信技术，盲目上马，贪大求全的急躁情绪。学校领导应充分依靠学校管理人员、教师和专业技术人员，认真分析学校的实际需要，根据自身的财力和教职员工的素质状况，循序渐进，制订切实可行的硬件和软件建设实施计划。

硬件建设可以采取先重点满足急需，后满足普遍需要，先配置单机，后建设网络，先拨号上网，待时机成熟后再设立网址等策略。在硬件设备的档次上，应考虑使用目的、设备今后的升级，以及学校的财力等因素，避免投资浪费和重复建设。硬件设备选择并购置好以后，要请信誉好，售后服务好的安装公司在专业人员的监督下进行安装。

随着软件业的快速发展，可用于学校管理的软件系统越来越多，各类校长办公系统、财务软件系统、教务管理软件系统等十分丰富，能否选择或自行开发出适用的软件，并根据学校的发展需要不断将软件更新换代，是现代信息技术能否较好地发挥作用的关键之一。

（3）建立信息技术方法在学校管理中应用的有关制度

任何一项工作要长久维持，必须建立制度。在学校管理中要用好现代信息技术，至少需要建立以下两项制度：学校各部门管理信息系统的使用、维护职责，学校各类人员现代信息技术培训规定。这两项制度都必须明确每个教职员工个人的责、权、利，并明确奖惩措施。

（4）实施信息技术方法使用的全员培训

在学校管理中应用现代信息技术，是学校管理工作发展的必然趋势。同时，由于学校管理的民主化趋势，学校各类人员都要不同程度地参与到学校管理工作中来，掌握现代信息技术在学校管理中的应用方法，提高工作效率，是现代社会对学校全体教职员工的要求。全员培训的内容应分两个方面，一方面是思想认识的培训，另一方面是现代信息技术应用技能的培训。在提高思想认识方面，要运用教育的方法、行政的方法和经济的方法来共同强化广大教职员工应用现代信息技术的意识。在技能培训方面，可采取分阶段、分层次、分类型的培训策略，避免脱离实际，搞整齐划一，影响正常的教学秩序和教职员工的学习积极性。培训的形式可以多种多样。只要做好规划，长期坚持，一定能收到良好的效果。

### 3. 信息技术方法在学校管理中的意义

现代信息技术由于有一系列的优越性，在学校管理领域正得到广泛的应用。作为现代信息技术主要代表的计算机多媒体技术和计算机网络技术应用到学校管理中，可以改进信息收集的方式，改变过去依靠人工收集和处理信息而出现的工作量大，容易出错，速度慢，信息散乱、不全面等现象，使信息收集和处理工作规范化，提高信息处理的速度、可靠性和科学性；改进信息的检索、呈现和传递方式，使信息检索方便、快捷，以多媒体方式呈现，并能进行实时传递。

以计算机技术在教学管理中的应用为例，计算机技术可以用来记录、分析和报告学生的学习情况，包括对学生的学习进度和学习完成情况的记录、分析和报告；编制客观性测验的试题库，既可以编制个别化测验题，也可以编制多份等效的测验，大大节省教师的劳动；可以用来阅卷、计分、分析成绩，提高这些工作的效率；进行课堂教学控制，如一些软件公司开发的具有电子举手、电子回答问题、电子备课等功能的课堂信息系统。

# 第五节　学校管理的思想教育方法

学校管理的思想教育方法，是指通过对一定精神观念的宣传，从真理性方面激发学校成员的理想，使之成为其组织成员的动机，从而为实现学校的整体目标而努力的方法。

## 一、思想教育方法的特性

### 1. 启发性

启发性是指通过真理性激励，启发学校成员认识真理、掌握真理，把行动自觉地指向学校组织目标的过程。在学校管理工作中，运用教育的方法，使学校成员懂得选择自己的行动取向，这种行动取向是学校成员经过自我思考后产生的一种服从真理和科学的意志行动，而不是屈从于外界的某种行政的或经济的强制力所产生的结果。教育的方法是非强制性的，是通过摆事实、讲道理等方式，用正确的价值观引导受教育者，启发受教育者，使之通过思考，自觉产生一种服从真理和科学的意志行动。

因此，在运用思想教育方法时，学校领导、管理人员的宣传越能符合真理和科学，越能晓之以理和动之以情，则越能启发学校成员思索问题，教育方法所起的作用就越大。

### 2. 长期性

长期性是指学校成员思想觉悟的提高，树立正确的世界观、人生观、价值观非一日之功，解决人的某个思想问题常常也不是一蹴而就，但这些问题一旦通过思想工作得到解决，又会长期影响人的思想和行为。

首先，人的思想形成和发展与人们掌握的科学知识有关，人们掌握的科学知识越多，对客观事物的内在规律和客观世界的认识就越深刻，而知识的积累是循序渐进的，不是一蹴而就的。其次，就人们的思想转化过程来看有四个阶段：道德认识的变化、情感的变化、行为的变化、习惯的改变，这四个阶段都需要时间和过程。再次，人从一种态度行为改变成另一种态度行为，其心理真正内化也需要经过"解冻"、"变化"、"凝固"三个过程。因此，学校领导、管理者要注意思想教育过程长期性的特点，不能有操之过急的情绪和立竿见影的观念。

### 3. 广泛性

广泛性是指思想教育方法被广泛应用于学校管理活动的各个方面，学校管理中各种方法的有效运用，都离不开教育方法的配合。运用思想教育方法，从时间上说，具有长期性；从空间上说，则具有广泛性。即思想教育方法渗透在学校一切工作中，学校所有成员都可以用自我教育、相互教育的形式运用这一方法。

4. 灵活性

灵活性是指思想教育方法因人、因时、因地、因事而异，方式、方法比较灵活。因为人的个体意识和社会意识的发展是不平衡的，所以必须根据对象不同的思想层次和不同的心理素质灵活多样地进行教育。

## 二、思想教育方法的原则

1. 科学性原则

首先，思想教育内容的科学性原则，有赖于学校领导者自身的理论知识修养，要求学校领导者不仅要有广泛的社会科学知识，又要有基本的自然科学修养。不仅懂得马克思主义哲学，还要懂得社会学、伦理学、科学学、心理学等等，有了比较广泛的科学知识，也就能够增强思想教育的效果。

其次，思想教育的根本任务是用马列主义、毛泽东思想，用党的基本路线、方针教育师生，启发人的自觉性，调动人的积极性，以保证学校教育、教学等各项任务高效、优质地完成。

科学靠的是真理和知识的力量。马列主义、毛泽东思想是真理，而真理是可以认识的。人类有史以来，无数优秀人物追求真理，探索真理，宣传真理，使人类社会不断推向前进，这就是基于真理的可认识性和可接受性。只要我们按照马列主义、毛泽东思想的本来面目，把它看作是一个完整的科学体系，紧密地联系教育领域的方针、政策，联系师生的思想实际，全面地学习、宣传和实行，就一定能够极大地提高师生的思想觉悟，振奋革命精神，做好各项工作。

2. 民主性原则

在运用教育方法时，要以真诚、平等的姿态，在和谐的气氛下与人沟通，循循善诱，以理服人，而不能以真理的化身自居，以势压人、训人，要充分尊重人的人权和人格。这个原则是教育方法运用的一个重要原则。

与此同时，任何进步的思想教育活动，都是群众自己教育自己，自己解放自己的自我认识活动。因此，思想工作必须废止那些强迫、命令、教条主义的说教方式，而采用群众喜闻乐见的形式，运用讨论式、商量式、启发式等民主方法，把广大师生吸引到思想教育中来，使他们成为思想解放运动的主人。

3. 实事求是原则

在学校管理的思想教育方法中，实事求是的原则是指在解决教职员工的思想问题时需要作充分的调查研究，在没有弄清事实的前提下，切忌偏听偏信，随意表态，更不能只看缺点，不看长处。

此外，教职员工的思想问题多种多样，每个教职员工的具体问题也千差万别，思想境界有高有低，教育方法的运用必须针对每个人的具体实际，因人、因事、因地、因时拿出有针对性的切实有效的办法。回避敏感问题，空洞说教，不仅不利于思想问题的解决，而且会令人反感，发挥不了教育方法所应有的作用。

### 4. 灵活性、艺术性原则

思想工作是一门科学。人的思想活动是有其客观规律性的，学校思想教育方法能否卓有成效，关键在于能否按照人的思想活动的规律，针对学校成员的思想实际，因时、因地、因人、灵活变换、因势利导。

人处在不同环境和气氛中会产生不同的情绪，进行思想教育时要正确选择适当的环境，创造良好的气氛。事情过去了，环境更新了，人们的情绪常可以由激动变为平静，由愤怒变为欢愉，这就为思想教育的可接受性创造了有利的条件。在剑拔弩张、咄咄逼人的气氛中，思想教育是难以奏效的，而在温和友好的气氛中，就易于接受思想帮助。

思想工作是一门科学，又是一种艺术，艺术是靠感染力去吸引人的。具有艺术性的思想教育工作方法，在导入真理的过程中，可以使教育更加生动、活泼、形象、直观，寓教育于闲谈之中，寓教育于娱乐之中，寓教育于趣味之中，这都是思想教育艺术性的体现。

## 三、思想教育方法的实施

思想教育对于动员群众实现学校目标起着先导的作用，学校领导者的任何决策或意图，都应该是从群众的实践中来，并依靠群众去贯彻实施。学校的师生员工是学校领导工作的基础，没有他们的积极支持和参加，学校目标就无法实现。而要使他们积极投入学校的各项活动，这就要坚持思想领先，从政治上、思想上把他们动员起来，才能达到。

因此，在学校管理过程中，思想教育方法的实施主要有以下几种方式：

### 1. 说服法

说服是通过摆事实、讲道理，循循善诱、启发自觉、弄清是非、以理服人，提高学校成员的思想认识的方法。

人们思想觉悟的提高，靠启发自觉性。这就需要以理服人，而不是以势压人。说服教育是学校管理者运用得最经常、最广泛的方法。说服教育是一门艺术，掌握好这门艺术，就会收到良好的效果。说服教育可以采取讲解、报告、谈话、讨论、参观、调查和访问等方式进行。

以讲解和报告为例,这是两种较为常用的说服方式。讲解指学校管理者将国家的方针、政策,组织的决策、计划、目标等向学校成员作系统的讲述和解释。报告是指就学校管理中的某些问题向学校成员作全面的阐述,它适用于专题性内容,如形势问题、纪律与法律问题等。进行讲解和报告,要注意启发诱导,促使学校组织成员自觉地认识问题,解决问题。学校管理者既要是非分明,又要诚恳耐心,从教育的愿望出发,促使被管理者的思想转化,达到提高思想觉悟的目的。

### 2. 激励法

激励法是通过对某种思想行为的肯定,使这些思想和行为得到强化和推广的方法。在学校管理中,领导者往往运用这种方法来激发师生的进取心。把精神鼓励与物质利益正确地结合起来.激励的方法能有效地调动学校成员的积极性。

激励法的类型主要有:

(1)理想、目标激励。坚定的理想信念是精神支柱,能产生强大的思想动力。有了正确的世界观、人生观,才能做出无私的奉献。

(2)情感激励。情感是人们思想和行为的一种动因。学校的思想教育,大量的工作通常要有情感激励。我们经常看到,人们的思想行为在得到群众和领导的赞许、鼓励的时候,就会产生坚持下去的激情;而当不被理解,甚至遭到误解、讽刺、打击的时候,积极性就会受挫。有错误思想和行为的人,如果得到周围的亲友、同事的关心爱护,就会增强改正错误的决心和信心;而如果到处遭到冷遇、训斥,就可能产生自暴自弃、抗拒对立的心理。因此,情感激励是思想教育的一种有效方法。

(3)荣誉激励。对那些为学校做出贡献的个人和集体,以一定的形式或名义给予相应的荣誉称号,不仅能给先进人物和集体以鼓舞和鞭策的力量,而且可以为人们树立学习的榜样,指明努力的方向,产生比学赶帮的动力。评选"优秀教师"、"模范班主任"、"先进集体"等,只要实事求是,就能产生激励的效果,激发学校成员发挥更大的革命积极性。

### 3. 榜样示范法

榜样示范是指用他人良好、高尚的品质行为去教育、影响学校成员的一种方法。值得学习的英雄事迹和模范行为产生的教育力量是无穷的。这是因为:第一,榜样的思想品德具有完美性和典型性;第二,榜样的形象是生动具体的,有的就生活在学校成员的身旁,随时可以学习,能起到潜移默化的作用;第三,从榜样具体生动的思想行为中,学校成员可以形象地感受到和理解抽象的政治道德概念。

运用榜样示范的教育方法要注意几个问题。

(1)运用榜样,要明确学习的目的。无论哪种榜样,都要使学校成员明确应当学习什么?从什么地方做起?从而使榜样的形象成为激励学校成员的力量。

(2)运用榜样,要开展必要的活动,充分发挥榜样的作用,落实在学校成员的行动上。

（3）运用榜样，学校管理者要严于律己，做出示范，以身作则。所谓"其身正不令而行，其身不正虽令不从"就是这个道理。

### 4. 批评法

学校思想工作要坚持以正面教育为主，以表扬为主，但同时还必须辅之以批评直至惩罚的方法和手段。表扬、奖励，可以使学校成员获得自尊和荣誉需要的满足，还有利于形成良好的心理气氛，促成全体成员积极向上的心理定势。而批评、惩罚则可以削弱错误思想和行为的影响，并使之转到正确方面来。这种方法有助于学校成员提高明辨是非的能力，既教育本人——防止重犯，又教育大家——防患于未然。

运用批评法，需要注意的是：

（1）要实事求是，一分为二。要用分析的态度，区别不同性质的错误，分清不同的情节和程度，不要"一棍子把人打死"。对人对事只有实事求是地公正评价，才能使人口服心服，增强改正错误的信心和决心，从而化消极因素为积极因素。在一定情况下，在肯定成绩的同时，委婉地批评错误及缺点，暗示地启发自我批评，往往能更好地达到否定错误的目的。

（2）要动之以情，晓之以理，导之以行。"人非草木，孰能无情"，只要以诚相见，推心置腹，就能够使批评真正触动被批评者的感情。要充分说理，分析缺点及错误的性质、危害及其产生原因，启发被批评者改正错误的自觉性，引导被批评者向先进人物学习，以实际行动改正自己的错误及缺点。

# 第四章 学校管理的原则

学校管理原则是学校管理必须遵从的基本准则和要求。任何一位学校管理者，当他从事学校管理时，总会持有一定的观念，并用以指导自己的工作。我们将这种能指导管理者行为活动的观念概括化，就是管理原则。

在学校管理过程中，坚持一定的处理原则，可以达到以不变应万变的效果。学校管理是相当复杂的活动，要避免管理出现重大失误，提高工作效率，确立正确的学校管理原则显得非常必要。

## 第一节 学校管理的基本原则

原则是人们对客观规律主观认识的反映，是观察问题、处理问题的准绳。管理原理是在特定情况下管理工作可能有效的行为指导。学校管理原则是整个学校管理系统的结构和运转的基础，是学校中管人、理财、用物、处事的依据，是进行学校管理的基本要求。它是办学指导思想的反映，也是学校管理实践经验的概括。

### 一、学校管理原则的相关概念

#### 1. 管理原则

所谓原则，是指观察问题、处理问题的准则。学校管理原则，是在学校管理的长期实践中概括出来的，是学校领导者在办学过程中所必须遵循的行动准则。

学校管理的理论和实践证明，在学校管理工作中，无论是目标管理、过程管理、全面质量管理，还是教师管理、教学管理、德育管理、体育卫生管理、总务后勤管理、美育管理、劳动技术管理、课外活动管理和学校教育科研管理，都离不开正确的学校管理原则的指导。

2. 管理原理

什么是管理原理？根据《教育管理词典》的解释，管理原理是："管理系统及其运动中存在的、不依人们意志为转移的客观规律。不能制订和制造，不能随意改变和废除，人们只能发现它，揭示它，认识它，运用它。因此，它有别于根据原理而制订的作为行为准则的原则。"这一解释明确告诉我们，管理原理是一个与管理规律等量齐观的概念，学校管理原则是根据管理原理提出来的，是管理原理的具体运用，是管理规律的反映。

与此同时，所谓原理，是指某一科学领域中具有普遍意义的根本规律。科学的原理以大量实践为基础，所以其正确性为实践所检验与确定。从科学的原理出发，可以推演出各种具体的定理、命题、原则等。现代科学管理的原理，是在对管理工作的对象、本质、过程、目的等进行系统的科学分析之后，从中得到的带有规律性的基本道理，它在管理领域中具有普遍的指导意义。掌握了管理原理，就能触类旁通、结合实际，创造出各种适合实际情况的高效的管理方法。

3. 管理观念

管理观念也叫管理观或管理理念，通俗地说，是指人们如何看待管理，如何认识管理，实际上就是人们的管理思想。管理者持有某种管理观念或管理思想，往往就用它来指导自己的管理，所以也有人把它当成管理指导思想。人的行为总是受思想支配的，没有正确的管理观念或思想，就不可能有正确的管理行为。但是管理观念或管理思想往往比较空泛，行为则是复杂而具体的，管理观念要有效地发挥作用就必须概括化，这种概括化的观念就是管理原则。由此可见，管理原则受管理观念的直接影响，有什么样的管理观念就有什么样的管理原则。要形成正确的管理原则，首先要形成正确的管理观念。

4. 管理理论

管理理论是人们通过某种形式表达出来的系统化的管理观点和主张。它反映了人们对管理规律的认识，它的目的是要阐明管理规律。管理原则和管理理论都是对管理活动理性思考的结果，管理原则是管理理论的一种特殊表现形式，是管理理论的重要组成部分。管理实践需要管理理论的指导，这种指导既包括向人们阐明"为什么"的说理式指导，也包括告诉人们"应该怎样"的应用式指导，管理原则主要属于后者。"应该怎样"必须建立在"为什么"的基础之上，只有充分阐明了"为什么"，"应该怎样"才立足更稳，才更有指导意义。

## 二、学校管理原则的特性

### 1. 多样性

学校管理原则的多样性主要有两个方面的含义,其一是指学校系统是一个立体结构,具有多维性,每一个方面的工作都不同于另一方面的工作,因而每一方面都需要有相应的行为准则来指导,所以管理原则绝不是只有一个。其二是指同一种工作的管理原则可能有多种,甚至可能都是有效的。虽然管理规律只有一个,但是反映管理规律的具体原则可以有多个,只要它行之有效,就应允许它存在。

### 2. 系统性

学校管理原则的系统性是相对于多样性的横向角度,从整体上来说明学校管理原则的特性的。学校有不同方面和不同层次的管理,就有不同的管理原则,各种管理原则之间相互联系,形成学校管理原则的体系,覆盖学校管理的方方面面,既不能留下空白,也不能互相冲突。

### 3. 层次性

学校工作有不同层次,决定了指导学校管理的原则具有层次性。按照系统论的观点,学校是一个完整的系统,系统具有层次性。从工作的时间跨度看,有长期、中期、近期之分,从工作的范围方面看,有宏观、中观、微观之别。每一个层面各具特性,要保证管理的有效性,还要求管理原则必须具有针对性。

### 4. 主观性

主观性是指学校管理原则是学校管理实践经验的抽象化,是学校管理规律的主观反映。管理活动是客观的,管理规律也是客观存在的,但是管理原则并不是管理实践本身,更不等于管理规律。因为管理原则是对实践和规律认识的结果。认识有深有浅,有对有错,原则难免也会有科学的和不科学的。实践是无止境的,对规律的认识永远也不可能穷尽,只能逐步接近和深化。所以,不是所有来自管理实践或来自管理理论的原则都一定正确。管理原则是否合乎管理规律,必须接受实践的检验。

## 三、学校管理原则的现实意义

在学校管理工作中,管理原则起着指导管理行为的作用。一个学校的领导管理人员在实际管理工作中,都自觉不自觉地按一定原则去观察和处理学校中的各种问题。如果用正确的管理原则去处理问题,就有可能取得管理工作的成效,否则,就会影响学校管理的效能。比如有的校长在管理学校时,把应付日常的行政事务放在第一位,整天忙忙碌碌;有的把"创收"放在第一位;有的把加强思想领导、端正办学方向、提高教育质量放在第一位。

这些不同做法就反映了校长管理学校的指导思想，即管理原则。在实际工作中我们也会发现不少学校的校长主观上都很想把学校工作搞好，但总是成效不大。其中吃力不讨好者有之；好心办错事者有之；欲速不达者有之。究其原因，固然有领导艺术问题，也有客观条件问题，但与他奉行的管理原则也有很大的关系。

事实表明无论是学校管理目标的决定，管理过程的运行，管理体制的建立，还是管理方法、途径的选择和运用，都与他所奉行的管理原则有很大关系。学校管理工作只有在正确的原则指导下才能进行有效的管理，不断提高管理质量，实现学校管理目标。

原则是重要的，但原则的运用又是灵活的，问题的关键是要懂得使用它。正如管理学家法约尔所说："原则就像灯塔的光芒一样，只是指引那些认识自己的目的地而行进的人。一项原则若没有实现的具体办法就没有一点作用。"

# 第二节　质量管理原则

学校管理工作中，质量管理原则主要体现在以教学为中心的全面的质量管理，即指学校的管理工作，既要突出教学工作的管理，又要全面安排各项工作，加强对影响教育质量的各方面工作的管理，处理好整体与中心的关系。这一原则反映了对立统一法则和事物普遍联系的规律，它指导我们正确处理学校管理工作中整体和局部、主要矛盾和次要矛盾、矛盾主要方面和次要方面等各种错综复杂的关系。

## 一、质量管理原则的含义

学校管理活动中，坚持以教学为中心，进行全面的质量管理原则，从教育学角度看是如何全面贯彻教育方针，全面提高教育质量的问题；从管理科学的系统原则来说，则是一个如何处理好整体与中心的关系问题。所谓系统，是由相互作用和相互依赖的若干组成部分结合而成的具有特定功能的有机整体，而且这个系统本身又是它所属的一个更大系统的组成部分。系统原则要求我们在管理时，必须有全局观念，必须有一个系统的统筹规划，必须有一个考虑了尽可能多的诸因素的管理模式。

结合学校管理的特点，把学校看作一个系统，学校管理工作必须面向全局，着眼于全面贯彻教育方针，注意影响学校教育质量的各种因素的关联性，从总体上进行综合部署，以便实现提高教育质量、办好学校的目的。

学校的工作是多方面的，有教学工作、思想政治工作、体育卫生工作、后勤总务工作，等等。这些工作互相依存，共同影响着学校工作的质量。因此，部署学校工作时，必须全面安排，使之协同活动。但是，学校各项工作中，处于中心地位的是教学，中小学应以教学为主。管理学校一定要以教学为中心，这是学校作为一个系统与其他系统相比的特性所在。在学校中有许多必要的和重要的工作，但相比之下，教学处于中心地位，而其他各项工作则是为它服务的，是保证它顺利完成的。

## 二、质量管理原则的确立

学校管理工作中的质量管理就是要使全体学生在德、智、体、美、劳几方面都得到全面的发展。一是要面向全体学生，保证全体学生德智体等几方面有所提高、有所发展；一是要坚持以全面发展的质量观来衡量学校的工作和学生的质量。

### 1. 坚持智育管理

中小学教育是基础教育。中小学设置的课程都是将来学习某一专业、攀登科学高峰所必须掌握的基础知识，也是一个生活在现代社会中的人应该具备的文化素养。因此，中小学领导干部在教学管理中对各科教学都应该重视。

### 2. 坚持全面管理

开展学校工作的质量管理，要坚持德、智、体、美、劳一起抓。德、智、体、美、劳等方面的工作要统筹安排，不能顾此失彼。要使它们互相渗透、互相促进；思想政治教育要渗透到教学工作中去，使之有助于学生明确学习目的、端正学习态度、改革学习方法，增强克服困难的信心与毅力；各科教学要注意发挥其本身的教育性，并为学生觉悟的提高、品德的形成提供知识基础；体育工作要注意发挥其在锻炼学生意志、培养学生品德方面的独特作用，并保证学生能以健康的体魄和充沛的精力从事艰苦的学习。

### 3. 坚持全面发展

质量管理原则的确立要求学校管理工作者做到：低年级坚持全面发展，毕业班也要坚持全面发展，要在进行素质教育全面提高教育质量的基础上提高升学率，要从德、智、体、美、劳等方面来衡量毕业生的质量，不能通过在毕业班加班加点搞突击的办法单纯追求升学率，以致影响了思想政治教育的正常进行和学生身体的健康。

## 三、质量管理原则的实施标准

实行质量管理，要有明确的质量标准。没有标准，谈不上质量管理。实行质量管理就是要保证达到一定的质量标准。

质量标准有两种体现形式。一是学生的要求质量，二是教职工的工作质量要求。学生的质量要求，在国家制订的教学计划中对中小学生的培养目标有明确的规定，但这只是总的任务和要求，还必须根据这一总任务要求规定出具体的标准。

德育方面，主要是以德育大纲要求为标准。学校可据此按不同的阶段、不同的年级分别提出进一步具体化的标准。

在智育方面，质量标准主要体现在各科教学大纲之中。教学大纲规定了各年级学生的知识范围、程度、技能和技巧等。目前的教学大纲对各年级学生智力发展水平的基本要求体现得还不清晰、不系统，有待研究和完善。总的要求是使大纲能更好地体现知识、技能、智力等方面的要求。教师要依据大纲从对教材的教学单元直到每一章节的内容都明确学生掌握知识的广度、深度以及智力、能力方面的要求。

在体育方面，可根据体育教学大纲、国家的《体育锻炼标准》和原教育部、卫生部颁发的《学校体育卫生工作暂行条例》有关规定，从学校的实际出发对学生的体质、体力和防止近视眼、常见病等方面提出具体指标。

教职工的工作质量要求，其标准往往通过制订各种制度体现出来的。学校各部门的工作分工不同，每个成员所担负的任务不同。而每项工作开展过程中不同阶段的要求也有不同。为了保证学校整体目标的全面实现，还必须确立各项工作和各个环节的具体质量标准。诸如"班主任工作的要求"、"一堂好课的标准"、"各科作业处理规格"以及"各部门工作管理细则"等等。

各方面的工作有标准，就可以做到有章可循、有案可查，也便于积累工作经验，探索管理工作的规律。而且有了质量标准可使学校工作规范化，简化管理工作，达到提高效率的目的。

与此同时，在学校全部工作中，教学处于中心地位，但绝不是"唯一"的工作。学校领导管理人员应该全面安排和协调学校各项工作。因为要完成培养目标的任务除抓好教学工作外，还必须通过思想政治工作、体育卫生工作、生产劳动、课外活动等多种途径才有可能。教学工作如果没有其他工作的配合和支持，要取得好的成效也是不可能的。所以学校领导管理人员必须全面安排学校的各项工作，注意影响教育质量的各种因素的协调，决不应只抓教学管理而忘掉学校中的其他工作。这就要在学校人力组织安排上，在财力、物力的使用上，在各种工作关系上全面安排协调好。

# 第三节　民主管理原则

学校管理工作中的民主管理原则，是指学校领导要充分发扬民主作风，调动全校师生员工的积极性和创造性，共同参与学校的管理工作；依靠群众的智慧和力量，把学校办好、管好。这是学校领导的主导性与全体成员的主动性、积极性、创造性相统一规律的客观反映，也是由我国的社会主义政治制度所决定的。

## 一、民主管理原则的含义

民主管理学校，是由学校的社会主义性质决定的。列宁说过："不实现民主，社会主义就不能实现。"邓小平在1979年3月党的理论工作务虚会上指出："没有民主就没有社会主义，就没有社会主义的现代化。"这都说明要实现社会主义现代化就必须有民主。社会主义学校，是人民的教育事业，学校的师生员工是学校的主人，管理学校，要发挥师生员工的当家做主精神，同心协力，这样才能把学校办好。

学校的教职工，既是管理的对象，又是管理的主体。学校的教职工有权审议学校的重大管理措施；有权监督干部正确执行国家的路线、方针、政策；有权对学校工作提出批评建议。实行民主管理，能切实保障教职工当家做主的地位和权力。

依靠教职工办学，实行民主管理，是贯彻群众路线，发挥群众智慧和积极性的有效方法。任何有才干的领导和管理人员，其个人智慧与群众智慧比起来，总是微不足道的。要使自己的领导管理工作正确有效，就要善于执行群众路线。脱离群众，不善于倾听教职工的意见，是不可能把学校办好的。

## 二、树立民主管理的观念

学校管理工作者在实施民主管理的过程中，首要任务是树立完善的民主管理观念，依靠以教师为主的核心观念，把教师真正当作学校的主人，真心实意依靠教师办学。因此，在管理过程中，学校领导要力争做到以下几点：

首先，学校管理者要提高管理的透明度，凡是与教职工切身利益相关的事，教师有知情权，凡是与学校利益相关的事，教师也有知情权。

其次，教师不应仅仅是学校管理的对象，或是学校管理的旁观者，而应该是学校管理的实际参与者。这种参与不是取代校长行使决策权，而是充分发表意见，为学校工作出谋划策。

第三，实施分权管理。学校最高行政决策权掌握在校长手中，但是具体工作的执行权、监督权应尽可能下放给教师。这样做不仅可以体现对教师的信任和尊重，同样可以为校长分忧，使学校全体领导和教师形成责任共同体。

此外，学校开展任何重大活动，应尽可能取得教师的理解和支持，凡是多数教师强烈要求做的事，只要合理合法，就应尽可能做到；得不到多数教师赞同的事，就不应强制推行。

## 三、民主管理原则实施的基本要求

### 1. 依靠教师

在学校系统中,教师是一支重要的力量。学校育人,需要学校各类人员的共同努力,而主要和直接的工作则是由教师进行的。邓小平同志说:"一个学校能不能为无产阶级培养合格的人才,培养德智体全面发展、有社会主义觉悟的有文化的劳动者,关键在教师。"

教师是进行学校教育工作的专门队伍,是办好学校的可依靠力量。他们有觉悟、有知识、有能力,了解学校工作,熟悉教学业务,他们的工作状况决定着学校教育工作的质量。一个学校能否培养合格人才,关键在教师。学校的培养目标、教学计划、教学大纲都要通过教师的教学实践去实现。在学校教育和教学的过程中,教师起着主导作用。因此,学校领导必须树立依靠教师办学的思想,真正把广大教师当作学校的主人翁;学校大事要和教师商量,虚心向有经验的教师请教,对教育教学的业务问题,更要尊重教师的意见,发扬教学民主,为学校民主管理活动打下坚实的基础。

与此同时,相信教师、依靠教师,是学校工作的特点。相信教师、依靠教师,首先必须正确认识和实际承认教师的崇高地位,必须深入研究和切实掌握教师劳动的性质和特点。其次,在正确认识教师心理特点的基础上,依靠教师做好学校工作。再次,学校领导者要针对教师的不同情况,提出不同的要求,压不同的担子,充分发挥每一个教师的作用,为办好学校出力。

### 2. 民主办校

我们的学校是社会主义的学校,是人民的学校,让广大的教职工参与管理,才能够增强他们的主人翁感,增强他们的责任心。没有学校管理的民主化,这个学校是办不好的。同时,教职工是学校的主人,管理学校是教职工的基本权利。在学校管理工作中,管理监督的上、下结合是非常必要的。为了实现学校管理的民主化,有必要强调群众性的检查监督,给广大教职员工监督学校工作的权力。很多学校坚持实行"教代会"或"职代会''"制度,给教职员工对学校工作的审议权、监督权,我们认为是好的。

学校管理不只是领导干部和行政人员的事,教师和学生也要参与管理;学校管理也不只是管理学生、管理教师,学校领导和行政干部也要接受监督。发动师生员工实行全员管理,这是我国社会主义学校管理的一大特点和一大优越性。所以,学校领导必须全心全意依靠全校师生员工管理学校,真正把广大教职员工当作学校的主人。学校的大事都要和教职员工商量,虚心向有经验的教职员工请教。

此外,要提高教师的参与意识,调动教师参与管理学校工作的积极性;要发挥教师的主人翁作用，增强参与学校管理的责任感，在办学方向、制订学校教育改革与发展规划上，在学校管理的各个环节上，在教学全面质量管理和教学研究问题上，吸引他们积极参与管理，积极出谋献策。

### 3. 统一民主与集中

我们强调民主管理，并不意味不需要领导的集中统一指挥。必须坚持民主集中制的原则，学校领导既要依靠群众，又要领导群众。要把向群众学习与教育群众结合起来，统一起来，既要反对主观主义、命令主义，又要反对自由主义、尾巴主义。实行民主管理的关键是领导要有一个民主的作风，不搞家长制、一言堂，善于听取各方面的好意见、好办法来改进自己的领导工作。

与此同时，民主管理学校，要有制度来保证。目前在这方面的主要做法有：建立教职工代表大会制；民主选举学校领导管理人员；吸收教工参加校内各种委员会，领导小组；定期召开座谈会听取教职工意见等等。

# 第四节  效益性原则

效益，即管理活动的社会效果与价值，是管理的质的表现。学校管理工作中的效益性原则，就是强调以效益为主，学校管理要把学校活动结果对社会的作用，作为衡量学校管理好坏的最终标准和追求目标。

## 一、效益性原则的含义

在学校管理活动中，实行效益性原则是指学校管理工作要在正确的思想和目标指引下，合理利用学校的人力、物力、财力等资源，使有限的资源充分发挥作用，高质量、高效率地实现培养目标，完成学校教育的任务，取得高效益。

同时，在学校管理工作中实行效益性原则，是由学校管理目的所决定的。学校工作可以分为教育教学工作和管理工作两大方面，其共同的目的都是为了培养高素质的人才。教育教学工作是学校工作的根本，管理工作是为教育教学工作保驾护航的工作，是为提高教育教学的质量和效益而开展的。任何管理工作都是为了以最少的投入换取最大的收益，如果不追求效益，那么就可以不要管理。

此外，教育是任何一个国家投资的重点项目。任何经济投入都追求最大产出，这是经济活动的本质特征。国家把学校的经营权交给校长，校长就得考虑让每一分钱生利，即培养高素质的、走上社会以后能以高产出回报国家的人才。家长把对子女的教育投资作为家庭的最大投资，同样期望有较大的回报——子女将来有体面的工作，较高的收入，较高的社会地位等等。学校的效益越好，回报率就越高，家庭投资的积极性也就越大。所以，校长不仅肩负着国家的希望，也肩负着每一个家庭的希望。

## 二、效益性原则的相关理念

### 1. 效益与效率

效率通常是指劳动成果与劳动付出之间的比例关系，可以做定量分析与对比，有高低之分。效益则是有效产出与其投入之间的一种比值关系，可以从经济和社会两个方面进行考察，即经济效益和社会效益。但通常相对于效率而言的效益，主要是指社会效益，即劳动成果对社会的作用和价值，一般只能作定性分析，有好坏之别。效率是效益的基础，没有效率就没有效益，但是，效率高不一定效益就好。效益是量与质的统一，效率与效果的统一，学校管理必须把效率作为追求的直接目标，把效益作为追求的终极目的。

### 2. 学校效益与社会效益

一般而言，两者应该是一致的。但是现实生活中也存在反常的现象，例如昙花一现的"贵族学校"，由于其面向少数有钱人办学，采取高收费，学校的效益（主要是经济效益）好，而社会效益差。要保持学校效益与社会效益一致，学校必须把社会的期望作为自己努力的方向。

### 3. 经济效益与社会效益

经济效益主要指劳动成果所换得的经济回报，效率高且换得的经济回报高，经济效益就高；无论效率高低，没有较高的经济回报，就谈不上经济效益。社会效益是劳动成果的社会评价，就理想的状态而言，经济效益应该与社会效益成正比，但是也存在经济效益低而社会效益好和经济效益高而社会效益不好的现象。经济效益是社会效益的基础，社会效益又可以促进经济效益。经济效益较社会效益直接、明显，可以用某些经济指标加以衡量，而社会效益则难以具体评估，只能借助于一些间接指标来考察。在经济领域中，管理效益的直接形态是通过经济效益得以表现的，而在教育领域中，管理效益的直接形态是以社会效益得以表现的，所以学校管理不仅要讲经济效益，更要讲社会效益。

## 三、效益性原则实施的基本要求

### 1. 坚持以提高教育质量为本

衡量学校效益的根本标准，是育人的数量和质量。我们在发展数量的同时，一定要强调提高教育质量，培养出符合社会要求的全面发展的人才，为高一级学校输送合格的新生，为社会培养各种人才。培养的学生质量不高，不受社会欢迎，就根本谈不上什么效益，只有培养数量足够、质量合格的学生，才能体现学校工作的效益。

同时，学校管理要想产生高效益，必须以质量为本，没有质量就没有真正效益。学校管理的质量可以从学校教育质量中得到反映，学校教育质量最终体现为学生质量，教育的效益是通过学生走上社会以后所创造的业绩来体现的。学校以质量为本就是要培养有创造业绩能力的学生。

坚持以质量为本，一要强调全员抓质量，学校每个成员要做好本职工作，把好自己的工作质量关，不要以为抓质量仅仅是管理者的事；二要注意全程抓质量，要把好管理过程每一个环节的质量关，不要以为抓质量仅仅是最后一个环节的事。不少学校把主要的人力物力和精力集中于毕业班，寄希望于毕其功于一役，无异于沙滩上建楼阁；三要注意全面抓质量，即学校工作的方方面面、事事处处都要以质量为重。学校是一个完整的系统，系统内部的构成要素彼此存在千丝万缕的联系，一方面工作不到位，方方面面都要受影响。

### 2. 合理高效利用资源

学校管理工作的效益性原则要求管理者能够合理高效地利用人力、财力、物力、时间等资源。

提高人力的使用效益，首先是要发挥人的主动性、积极性。要用人之所长，鼓励创新，表彰先进，增强责任感；其次是要合理定编、按岗定人，合理安排每一个教职工的工作，充分发挥人的作用。

提高财力物力的使用效益，要厉行节约，反对浪费。对学校的经费开支要精打细算，把钱用到最需要的地方去，少花钱，多办事，用了钱，办好事，这是用钱的重要原则。同时，用钱必须严格遵守国家的财经制度。对学校的物资设备要加强管理，提高设备利用率，保证物尽其用。在日常生活管理中也要注意节约，如节约煤、粮、水、电等。基建中要贯彻经济实用、适当注意美观的原则，使学校建筑坚固适用。但要注意过分简陋，缺乏长远打算的偏向，否则也会造成浪费。厉行节约，必须实事求是，那种片面强调节约以致使教学上需要而又应该购置的图书、仪器都不购置，不应削减的而削减，因而影响教学的做法是不对的。

合理有效的使用时间，就是要增强时间观念，加强工作的计划性，科学利用时间，避免无谓的耗费。

### 3. 力争经济效益最优化

经济效益最优化是指在学校管理中，力求用最少的人力、物力、财力、时间，获得最大的效果，力争一切工作的最优化和高效性。最优化不是部分最优化，而是整体最优化。

以时间的效益最优化为例，时间是学校管理工作中的重要因素，对于一个学校管理者来说，时间就是效率，时间就是教育质量。科学地支配时间，才能取得学校管理的高效率。

在时间的支配上，要提高对时间这一要素的认识，考虑时间的使用价值，科学地支配时间，避免无谓的耗费。

# 第五节　激励性原则

学校管理工作中的激励性原则，是指在管理过程中，管理者选择任何管理方法都要秉着一个宗旨，即激励人的工作行为，而不是相反。学校管理方法多种多样，不同的方法可以产生不同的效果，同一种方法运用是否得当，激励的效果也大不一样。管理者在不同的管理观念支配下，总会有选择地采用某些方法。管理方法的选择和运用，既体现管理者的管理思想，也反映管理者的管理能力。

## 一、激励性原则的含义

学校管理活动中，管理者采用激励性原则开展管理活动主要是由学校自身的特点决定的。

首先，和企业相比，学校是典型的人——人系统，企业是典型的人——机系统。机器没有感情，不会闹情绪，不存在工作积极性的问题，人的情绪对机器的运作影响也不大。学校管理者、教育者、教育对象都是人，教师的工作积极性在很大程度上受制于管理者，学生的学习积极性在很大程度上取决于教师的工作积极性。管理者的管理方式无论是否得法，都会产生连锁反应，直接影响育人产品的质量。

其次，学校是专门的教育场所，学校除了教给学生知识，还要开发他们的智能，培养他们的道德情操和健全人格，这就需要营造一种和谐、宽松、积极向上的育人环境，专横、冷漠的管理方式不可能产生积极的教育效应。所以，唯有激励，才能使教师乐教，学生乐学，才能使学校成为教育的乐园。

此外，激励性原则也是由人的行为活动本质决定的。心理学的研究表明，人的任何行为都是以追求需要的满足为目的，需要是人的行为积极性的源泉，没有需要就没有人的行为。人的需要多种多样，满足需要的目标也无处不在，组织的任务与个人的需要往往风马牛不相及。如何把个人追求自我满足的行为引导到组织的任务上来，这是人力资源能否被组织利用的关键。管理者必须精心设置组织目标，使之既能满足个人需要，又能实现组织的最终目的。行为科学对激励所下的定义是"为达到预定目的而做出的事先安排"，它准确地揭示了激励的本质特征。

## 二、激励教职工的基本方法

### 1. 政治思想激励法

学校管理工作中的激励性原则以充分调动教职工的积极性为保证，积极性来自教职工的精神需要和物质需要，满足教职工的合理需求是激励教职工积极性的有效手段。因此，调动教职工积极性，必须使每一个教职工有、一股动力朝着共同的目标努力。这种动力包括三个方面：内在动力，外界压力，吸引力。

内在动力：它来自于正确的人生观、世界观和主人翁精神。这是教职工工作积极性的决定因素。有了足够的内在动力，就能士气高昂，干劲十足，工作努力。这是一种十分重要的精神力量。

外界压力：指的是有形或无形地施加于人们身上的一种力量，它迫使人们不得不前进，比如批评、惩罚、竞赛等都是一种压力。

吸引力：当目标符合人们的愿望，并有实现的可能，这就会产生一定的吸引力。这种力量一旦形成就会吸引人不断地向目标前进。学校管理中的表扬、奖励、奖金、荣誉都是一种吸引力。

在三个方面的动力中，最重要的是内在动力，只有内在动力才能自觉地、持久地保持积极性。要调动教职工积极性，首先要重视培养内在动力，要像蓄电池充电那样，不断地保持充足的内在动力。这就要靠深入、细致、持久地做好思想教育工作。

在思想政治推动过程中，"动之以情"是手段，"晓之以理"是关键，促进转化是目的。因此，要敢于用大道理管小道理，要确保抓好师教教育、职业道德教育和组织纪律教育等。

### 2. 人际关系推动法

教工在工作、学习和社会生活的过程中相互之间结成了各种人际关系。良好的人际关系中蕴藏着巨大的积极推动力，同时良好的人际关系的标志应当是彼此心里保持平衡，心理相容，为实现共同目标，相互支持，相互学习。为此，学校领导必须经常把握教工的情绪和表现，要察言观色，坚持谈心家访，做到情绪低落必谈，同志纠纷必谈，批评处分必谈，遇到困难必谈，工作调动必谈，家庭纠纷必访，婚丧喜事必访，天灾人祸必访。

同时，必须确立群体的规范，建立必要的规章制度，严格执行纪律，广泛开展比、学、赶、帮，造成一种压力，形成一种你追我赶的局面。

## 三、激励性原则的要求

### 1. 合理进行思想教育

思想教育方法是一种有效的激励方法，因为它具有启发性，可以使人明是非，通情理，无论教师的需要是否得到满足，思想教育都不可少。需要注意的是：第一，切忌假、大、空，思想教育应与解决教师的实际问题结合起来。第二，切忌简单粗暴，强迫接受。思想教育的效果比较慢，要以理服人，以情动人，要给教师思考转化的时间，要允许保留不同意见。第三，切忌言行不一，说一套，做一套。管理者身教重于言教，要求教师做到的，自己应首先做到，一个实实在在的行动，胜过空洞的说教。

### 2. 切实满足教职工需求

人的积极性的源泉是人的需要，要调动人的积极性，必须从满足人的需要入手。人的需要千差万别，而校长手中的资源相当有限，要想使有限的资源发挥无限的作用，必须注意以下几点：第一，了解教师的主导需要。所谓主导需要，即对人的行为起主要支配作用的需要。在一定时期之内，人的主导需要总是有限的，满足起来比较容易，对调动教师的工作积极性可以起到事半功倍的作用。第二，注意物质激励和精神激励并重。教师既有物质需要，也有精神需要，二者的满足不可偏废。只重物质激励，漠视精神激励，容易导致人只顾眼前的物质利益；只重精神激励，无视物质需要，人的精神也不可能维持多久。

第三，注意公平。对于需要的满足，不患寡而患不均，不公平的满足往往比不满足的效果更糟。

### 3. 构建和谐人际关系

心理学知识告诉我们，领导功能是通过人际关系实现的。可见领导工作的成败，在很大程度上与人际关系有关。和谐的人际关系有利于信息的交流和情感的沟通，满足彼此的心理需要；有利于形成团结的集体，上下一心，群策群力，减少内耗，提高工作效率；有利于创建良好的育人环境。和谐的学校人际关系要求学校管理者做到下面几点：第一，尊重师生员工，关心他们的疾苦。第二，注意感情投资，真正与师生员工结成知己。第三，注意保持学校人际关系的纯洁性，避免庸俗的人际关系污染学校的育人环境。

### 4. 制订有效的规章制度

学校规章制度是为师生员工确立的行为规范，任何规范都具有一定的约束性，学校规章制度也不例外。但是，只有约束性而没有激励性的规章制度，绝不是好制度。传统的规章制度比较注重它的约束性，现代管理制度则强调二者并重。怎样使学校规章制度具有激励性呢？第一，让师生员工参与学校规章制度的制订，把学校的要求变成师生员工的自我要求，遵守规章制度就是履行自己的承诺。这样，外部的约束就变成了个人内在的激励。第二，规章制度的内容要求要合理，要充分考虑学校的实际情况，既有利于学校工作，又能保护师生员工的利益。不合实际的规章制度是无法执行的，也就没有激励性可言。要注意定期修改，抛弃那些扼杀师生员工积极性的内容。第三，规章制度一旦制订，就应严格执行。赏罚分明，不徇私情，这样才真正可以化约束性为激励性。

# 第五章 学校教学管理

学校教学管理不仅包括学校内部的各种管理，还包括教育行政机关对学校的管理，在这里主要对学校内部管理进行研究，包括教学计划、教学组织管理、教学质量管理这三个方面的内容。

## 第一节 教学管理的概述

关于教学管理，学术界至今没有给出统一的概念，但是大多数都认为其属于学校内部的管理。本节主要对教学管理的含义、特点、内容、任务、意义以及教学管理队伍等内容进行了分析。

### 一、教学管理的含义

教学管理是学校管理中最基本、最重要的管理，可从两个层面来解释它。从宏观上讲，教学管理是指教育行政机关对各级、各类学校及其他教育机构教学的组织、管理和指导；从微观上讲，教学管理主要是指学校内部的教学管理。这里所讲的教学管理是指学校内部的教学管理。有了学校教育，就产生了学校的教学管理。人们对教学管理规律性的认识，是随着社会生产的发展和学校教育的变革而逐步发展完善的。

我国学校教育历史悠久，在长期的教学管理实践中积累了不少经验。早在我国古代的第一部教育专著《学记》中，就提到了考核办法、如何管理学生、如何安排作息时间等教学管理问题。17世纪，资产阶级教育学家夸美纽斯在其《大教学论》中也探讨了学制、班级编制、课表、教学秩序等问题。到了近现代，随着办学规模的扩大和学校教学内容的增加，教学管理活动日益复杂，不再局限于维持教学秩序、确定几门学科、编排学校课表等单项活动，而逐渐趋向于对教学内容、教学组织、教学过程等进行全方位统筹并实施系统化管理。

那么，什么是教学管理呢？对这一问题，学者们至今没有一致的看法，以下是几种关于教学管理的定义：一种观点认为，教学管理是"学校管理者遵循管理规律和教学规律，科学地组织、协调和使用教学系统内部的人力、物力、财力、时间、信息等因素，确保教学工作有序、高效运转的决策和实施"；另一种观点认为，教学管理是"学校教学行政人员为完成教学任务、提高教学质量，运用一定的原理和方法，通过一系列特有的管理行为，组织、协调、指挥和控制教学工作，以求实现教学目标的过程"；还有一种"组合说"，认为教学管理是"学校管理者根据教育方针、教学计划、教学大纲的要求，根据教学工作的规律，运用现代科学管理的理论、方法和原则，通过计划、组织、检查、总结等管理环节，对教学的各个方面、各个要素、各个环节，进行合理组合，推动教学工作正常地、高效率地运转"。

从上述论述不难看出，上面的三种定义都定位于学校层面，认为教学管理是学校内部的管理，而撇开了教育行政机关对教学的管理。事实上，很多的教育管理工作——包括教学管理，都是统一的整体，机关部门在承担，学校也在承担。从这一事实出发，教学管理应该包括宏观和微观两个层次。微观层次主要是前面三种含义所定义的学校内部的教学管理，这是狭义的教学管理。宏观层次是指教育行政机关对各级、各类学校及其他教育机构教学的组织、管理和指导。

从现代中小学教学管理实践来看，教学管理通常是由教学内容管理、教学组织管理和教学过程管理三个基本部分构成的。

教学内容管理主要包括课程体制、教科书制度以及中小学课程的设置与安排；教学组织管理主要是指教学管理组织系统的构成、教学人事管理和教学组织形式的选择；教学过程管理一般包括教学目标的设置，教学环境的管理，教学方法、手段的提倡或推行，教学效果评定等。[①]

## 二、教学管理的特点

### （一）教学管理的能动性

教学管理的能动性是指人的主观能动性。教学管理的对象主要是教师和学生，能否充分、有效调动教师"教"和学生"学"的积极性是衡置教学管理工作成效的主要标准。

在教学管理中，教师和学生具有双重身份。教师作为学生学习活动的组织者、指导者时，属于管理者，发挥管理者的职能；而作为学校教育教学活动的执行者时，则属于管理对象，履行管理对象的职能。学生既是学校和教师的管理对象，又是自身学习活动的自我管理者。教师与学生无论是管理者还是管理对象，都具有主观能动性，<u>彼此影响、相互促进</u>。

---

[①] 葛新斌.现代小学教育管理新论[M].济南：山东教育出版社，2013.

## （二）教学管理的动态性

教学管理涉及的每个环节都处于动态发展的环境中，如培养方案的制订要随着社会经济的发展更新、完善，教学运行的管理要随着学校教学条件的变化进行合理调整，教学质量的评价体系要随着建设内容的变化不断地进行更新等，从而在不断变化中总结和提高，教学管理水平和质量螺旋式向上发展。

## （三）教学管理的协同性

教学管理的主要任务是协调好学生的个体活动和学校、教师组织的集体活动，充分发挥教师、学生的个性，为个人和集体的协同发展提供有效保障。

## （四）教学管理的教育性

教学管理人员通过合理制定管理制度，有效实施管理，奖惩分明，帮助学生实行自我教育、自我管理、自我服务的"三自"管理，达到育人的最终目的。

## （五）教学管理的服务性

高校的中心工作是育人，教学管理要围绕教师"教"与学生"学"做好服务工作。增强服务意识是对教学管理人员最根本的要求。

# 三、教学管理的内容与任务

## （一）教学管理的内容

### 1. 教学目标管理

教学目标管理，是通过上下级的共同参与，让学校教学总目标达成一致，再将这一总目标分解为各职能部门和各系部的分目标，最后将教学任务与资源落实到具体的教学人员，使每位教师所承担的子目标与学院教学的总目标联系起来，并以此评价教学效果；学校教学目标管理以教师的自我控制为主，他们定期向院系两级汇报工作目标的进展情况，当教学目标完成后，再由学院、系部与教师结合预定目标共同对实施的成果进行考核。

### 2. 教学计划管理

教学计划管理是以专业教学计划修订为主线，不断完善教学过程的总体设计。专业教学计划是实现培养目标和培养模式的具有法律效力的规范性文件，教学计划能够反映制订者的教育思想、教育观念。制订专业教学计划是个系统工程，专业教学计划实际上是实施全面素质教育的人才培养计划。专业教学计划要定期修改，一旦确认要严肃认真地执行，并比全体学生了解。

修改教学计划要注意几个问题：一是明确指导思想，可以结合本校实际培养目标制订专业教学计划的指导思想；二是注重可行性，必须与师资队伍、教材、实验和实践基地建设同步，确保教学计划得以完全实施。

### 3. 教学运行管理

教学运行管理主要是围绕教学计划的实施而进行的教学过程及相关辅助工作的组织管理。教学运行管理是学校教学工作有序、稳定运行，不断提高教学质量的重要保证。

教学运行管理主要有六方面的工作：第一，教学大纲的制定；第二，组织管理课堂教学环节，稳定教学秩序；第三，加强教学实践环节的管理，注重学生能力培养；第四，加强教学过程监控，发挥院系行政和教学管理队伍的作用；第五，强化教学计划组织落实，制订出切实可行的、科学合理的课程表、教学运行表和考试安排表等；第六，加强考试管理，严格考试制度，组织好评卷等环节，杜绝作弊现象的发生等。

### 4. 教学过程管理

学校教学过程管理是指教学管理者依据教学管理目标，按照教学特点和教学管理规律，在教学管理原则的指导下，选择切合教学实际的教学管理方法，对教学工作进行管理活动的管理。

教学管理者以教学、育人工作为中心，为达到学校的预定目标，有计划、有步骤地进行有程序的共同活动。教学过程是有序的、动态的过程，各环节是互相依存、互相促进的。计划是教学管理过程的统帅和主持，是目标制订的起始环节。

在教学过程管理中，实施是将计划变成现实，是目标实施的中心环节；检查是对实施的监督，是目标监督的中继环节，是对计划的检查；总结是对前两个环节的总体评价，是目标评估的终结环节。

### 5. 教学常规管理

教学常规管理是教务行政管理的一个重要方面，也是教学质量管理的一项基础性工作。教学常规管理可以概括为五方面的内容：第一，学籍管理；第二，排课管理；第三，教学文件管理；第四，考务管理；第五，教务统计。

### 6. 教学基本建设管理

教学基本建设管理包括学科建设、专业建设、课程建设、实验室建设、教材建设、实践教学基地建设、学风建设、教学队伍建设、管理制度建设等。它们是保证教学质量的最重要的基础性建设。

### 7. 教学质量管理

教学质量管理是整个教学管理中的核心部分，是按照培养目标要求安排教学活动并进行质量控制的过程，采用科学的手段和方法，对教学过程进行全面设计、组织实施、检查分析，以保证在教学进行过程中能够达到预期的效果，其根本目的是提高培养人才的质量。

**8. 教学档案管理**

学校教学档案是学校在教学、教学管理和其他各项教学活动中直接形成的具有保存价值的文字、图表等不同载体的材料。教学档案能够反映教学管理、教学实践和教学研究活动的过程，对推动学校教学改革、提高教学质量、开展教学研究、加强教学评估以及维护学校和个人的合法权利都有重要作用，也是衡量学校教学质量和管理水平的一个重要指标。

教学档案的内容包括：上级教育主管部门及学校下达的政策性、指导性文件及有关规定；教学基本建设的各种规划和计划；自编教材、教学参考资料、实验指导书、习题集、试题库（试卷库）、试卷分析以及各种声像资料等；学期教学工作计划、教学工作进程表、教学计划、教学大纲、学期授课计划、课程教学总结、实习总结等；课程设计任务书、毕业设计（论文）任务书、优秀毕业设计（论文）；学生学业成绩、学籍变动情况、学生座谈会记录整理分析、毕业生质量跟踪调查、毕业资格审核等材料；教学改革进展情况、教学研究计划、总结、典型经验材料和教学研究刊物；教师业务档案、各种奖励及成果；教学工作评价材料、教学工作会议纪要等；其他有必要立档的教学文件和资料。

## （二）教学管理的任务

**1. 贯彻方针，坚持正确的教学方向**

教育方针是确定教育事业发展方向，指导整个教育事业发展的战略原则和行动纲领。党的十九大报告指出，要"坚持育人为本、德育为先，实施素质教育，提高教育现代化水平，培养德智体美全面发展的社会主义建设者和接班人，办好人民满意的教育"。

在教学管理中，要组织教职员工认真学习党和国家有关的教育方针、政策和法规，树立正确的教育教学思想，用以指导教学实践，确保教学工作沿着正确的方向前进。诚如苏霍姆林斯基所说："领导学校，首先是教育思想上的领导，其次才是行政上的领导。"只有保持思想上的正确方向，才能避免滑入应试教育的泥潭。在我国，教育行政部门早已三令五申要减轻学生过重的课业负担，但实际收效并不明显。究其原因，与一些学校管理人员和教师的陈旧教育理念有关。只有通过学习真正转变了思想，才会在行动上彻底改变。

**2. 令行禁止，建立政令畅通的教学指挥系统**

要实现教学管理的目标，必须建立一个计划周密、实施果断、调控有力、高效科学的工作指挥系统，这个系统要机构健全、层级分明、职能明确，这样，教学的管理就有了血脉畅通的组织保障。

### 3. 建章立制，保证教学活动规范、有序地开展

教学秩序的构建与巩固，不能仅凭人的自觉性。为此，学校必须制定严密的规章制度：一方面，排除外界不合理干预对正常教学秩序的冲击；另一方面，消除来自学校内部的影响教学工作的各种隐患。在教学管理中要按照规律办事，通过建立教学常规管理制度来稳定教学秩序。

常用的教学管理制度包括两个方面：第一，教师教学工作制度，包括教师岗位责任制度、教师工作量制度、集体备课制度、考试制度、教学质量评估制度等，用以明确教师的职责，使教师的教学工作合乎要求；第二，学生学习管理制度，包括课堂常规、作业要求、考试纪律、实验规则、升留级制度及学籍管理制度等，这些制度能够引导学生认真听课，完成学习任务，达成学校的培养目标。

在制度建设过程中，不仅要注意发挥制度的规范功能，更要注意发挥制度的创新功能。要提倡基于规范、超越规范，对管理制度适时进行更新与完善，使之具有权变性，为教学改革与创新保驾护航。

### 4. 参与管理，激发师生员工的积极性与创造力

教学不是一项简单的、机械化的工作，它需要参与者的热情与创意。在教学活动中，教师是重要的参与方，教师只有充分发挥自己的主体性和主观能动性，才能在教学实践中创造性地贯彻管理层的意图，取得最佳的教学效果。而达到此境界的一个必要条件就是创设教师参与教学管理的机制，从源头上调动教师的教学工作积极性，鼓励教师进行教学探索。

学生是教学的对象，但在教学管理中也应给予他们参与的机会。接受公平的教育，是学生的基本权利。获得最大限度的发展，是学生的合理诉求。学生参与了学校安排的所有教学活动，对于教学的成效与不足有着最直接、最深切的体会。因此，学校管理者应当认真倾听学生的意见，及时满足学生的正当要求，不断改进教学管理，让教学活动更好地服务学生。

### 5. 全程管理，牢牢把握提高质量这一核心

正如联合国教科文组织所指出的，我们无论怎样强调教学质量的重要性都不会过分。可以说，教学质量是学校的生命线，教学管理工作的一切努力都是为此服务的。当然，教学质量绝非单纯指学生的考试分数或升学率，它是整个教学过程优化组合的综合体现。

因此，为了提高教学质量，应该扎扎实实地抓好教学管理的每一个环节、每一项工作。学校管理者要抓好备课、上课、作业的布置与批改、课外辅导、学业成绩的考核与评定等环节，这些环节是基于教学规律、学生的认知规律而形成的先后衔接、各具职能、相互作用、彼此制约的活动秩序，任何一个环节都不能缺失或者发生偏差。

所以，在教学管理中应根据课程计划与教学大纲的要求，确定每个环节的质量标准，通过质量检查、评估、分析、改进等活动，控制好各个环节，以确保最终的育人质量。

## 四、教学管理的功能与意义

### （一）教学管理的功能

#### 1. 导向功能

培根曾说过："跛足而不迷路能赶过虽健步如飞但误入歧途的人。"这说明了方向正确的重要性。教学管理方法是为完成教学管理任务、达到教学管理目标而采取的具体方式和途径，是贯彻管理原则的重要手段。管理原则是用来指导管理实践的准绳，在实践中，原则对工作的指导总是借助于管理方法的选择和运用来实现的。教学管理方法是将教学管理导向成功的方式，如果没有教学管理方法的导向和中介作用，教学管理过程就会因失去目的和方向而陷于混乱，各项管理工作也会偏离正常的运行轨道。

#### 2. 纽带功能

若是将工作任务比作过河，那么工作方法就是桥或船，这充分说明方法具有纽带功能。教学管理的每个环节、每一层次、每一次具体的实施操作过程，都是管理主体与客体多种因素相互交叉、相互作用的结果，而教学管理方法则是教学管理活动的主体与客体相互联结的方式和纽带，是沟通两者的中介和桥梁。在实际教学管理过程中，管理者（主体）往往借助于管理方法，将管理理论与管理实际联结起来，将教学管理目标从抽象的精神形态，逐步转化成现实的物化形态，以实现教学管理的功能，达到合理配置教学资源的目的。

#### 3. 激励功能

教学管理的主体是人，管理的对象也主要是人，学校教学管理成功与否和效能的高低，在很大程度上取决于管理参与者即人的积极性和创造性的发挥程度。为此，教学管理的一个重要任务就是如何激发管理参与者、广大师生员工的主动性、积极性和创造性。高效能的管理者一般是在深入分析与研究学校教学管理活动及其客观规律的同时，仔细认真地了解广大师生员工在精神与物质上的各种需求，通过选择和组合科学的管理方法，实现对师生员工精神激励与物质激励的有机结合，建立更为灵活和人性化的沟通、评价与激励机制，以保证教学管理目标的达成和教学质量的提高。

#### 4. 控制功能

教学管理方法是学校管理者对教学管理过程实行引导、干预和控制的手段和方式，通过同各种自发的、外在的干扰因素和偏离目标的因素相抗衡，保证教学管理职能的执行和预期管理目标的实现。正是教学管理方法这种控制性功能，才能将教学管理过程置于管理者的有效控制之下，保证学校教学活动和教学管理工作的顺利进行，以实现教学管理的职能，达到管理的目标。

### 5. 效率功能

"方法好，多快好省事半功倍；方法不好，少慢差费事倍功半。"管理方法是提高管理效率的重要因素，是促进管理方式由粗放式管理向高效化管理转变的重要手段，先进正确的方法往往能起到事半功倍的作用。学校教学管理活动、管理过程实际上是教学过程中的人力、物力、财力等资源以及信息、时空的配置过程，教学管理方法很重要的功能就是把教师、学生、教学资源、信息等各种因素合理地组织起来，有机地协调成一个多功能、多层次、多属性的综合教学系统，使教育教学资源的配置达到合理化和高效化。在学校教学管理实践中，任何一项管理工作，只要选择和运用的管理方法得当，就能节省工作时间，提高管理效率和办学效益，做到物尽其用、人尽其才、财尽其力，以最小的代价换取最佳的效果。

## （二）教学管理的意义

### 1. 教学管理是学校教学工作正常进行的基础

现代学校的教学活动是建立在一系列教学管理活动基础之上的。教学场所的安排、教学设施的提供、教学人员的组织、学生班级的编制以及课表的编排，均是教学工作不可缺少的条件，也是教学管理的内容。没有教学管理这一基础，就会影响正常的教学秩序，使教学工作遭到破坏。

### 2. 有助于教学质量的提高

教学质量的高低，固然与教师水平高低有关，但它主要取决于教师的专业素质和教学技能技巧。只有加强教学管理，促进教师专业素质和教学技能技巧水平的提高，才能更有效地提高教学质量。另外，学校教学质量的好坏固然与教师的个体素质有关，但更重要的是整个教师集体所发挥的能量大小。每个教师的能量只有在合理的组合之下，才能得以充分发挥，而教学人员的排列组合正是教学管理的内容之一。还有，通过教学管理手段推广成功的教学经验和科学的教学方法，也可以促使教学质量提高。

### 3. 能够促进教师不断发展提高

教师专业素质和教学水平的发展和提高，有赖于其在教学工作中的锻炼。在学校中，教师的主要活动是教学，科学、合理的教学管理能保证教师在教学活动中获得有益的锻炼，加速其专业素质、教学水平的发展和提高。

### 4. 有助于其他各项工作的开展

教学工作在学校各项工作中处于中心地位。教学工作组织协调得好，不仅有助于建立稳定、正常的教学秩序，还有助于带动其他各项工作。如果学校工作中心经常转移，教学管理时紧时松、时抓时放，学校就会处于紊乱无序的状态。在这种状态下，教学质量上不去，其他工作也难以搞好。

### 5. 直接影响着学生的质量和育人目标的实现

教学过程不是单向的知识传授过程，而是在教师指导下，学生德、智、体等方面全面发展的过程。良好的教学管理，有助于引导教师全面认识教学工作，正确处理教与学的关系，从而保证育人目标的实现。

正是因为教学管理工作不仅是一种组织性、协调性的工作，也是一项具有思想领导作用，在教学领域进行改革和创新的工作，对学校工作有如上所述的重要意义，所以，学校领导要提高对教学管理的重视程度，按其本身内部规律，结合本校实际，融合最新科研成果，不断加强和完善教学管理工作。

## 五、教学管理队伍现状与人员要求

### （一）教学管理队伍现状

#### 1. 对教学管理队伍建设的重要性认识不足

长期以来，教学管理工作得不到应有的重视，大部分人认为教学管理岗位上的工作都是简单的重复劳动，停留在"事务型""经验型"的管理层面，认为只要排出课程表、组织好考试、解决教学中出现的一般问题，使教学工作能够运转、工作无差错就完成了，不需要多少业务知识和能力。因此，学校在安排教学管理人员时往往忽视对人员素质的要求，一段时间内教学管理队伍呈现低学历、低职称的现象，教学管理的质量难以保证。特别是高校扩招后，各地方院校不断扩大办学规模，招生人数逐渐增多，为了提高教学质量，学校把主要精力放在师资队伍的建设与培养方面，忽视了教学管理队伍的建设，未能按照教学管理工作应具有的专门知识与能力，要求每一位教学管理人员，对其在管理知识技能上的不足未能给予重视。教学管理人员应具备的沟通交流能力、文字处理能力、现代化技术运用能力、监控反馈能力及教学管理研究能力得不到有效提高，教学管理的层次得不到提高，不能适应高等教育改革的需要。

#### 2. 专业思想不牢靠，队伍不稳定

学校教学管理队伍目前面临的普遍现象是专业思想不牢固，管理队伍不稳定，人员变动频繁，流动性大。

目前，各学校的管理人员大部分是由教学人员调整或由其他行政岗位交流人员组成，缺乏专业人员的定位与思想教育，只有一小部分是管理专业毕业或长期从事教学管理工作的人员。大部分学校忽视对教学管理人员的培养，弱化了教学管理岗位的吸引力，部分有一定知识层次或工作能力的在岗人员思想不稳定，认为管理工作不被重视且工作繁重。

另外，多数学校虽然都把管理队伍的职称评定划归为专业技术人员，但长期以来

的教学管理岗位职称问题依然难以解决。职务提升非常困难，岗位待遇低于同届毕业从事业务工作或其他专业的技术人员，这些严重挫伤了管理人员的工作积极性，从而导致他们对本职工作投入不足，不钻研业务，敷衍应付，有机会就想跳槽。院（系）级教务员更换尤为频繁，有的只工作了一两年，甚至不到半年就进行转岗，工作刚刚熟悉就离开，院（系）不得不调换人员，这对教学管理队伍的稳定性、管理工作中管理资料的连续性等都造成了极大影响。

## （二）教学管理人员的要求

### 1. 政治思想要求

教学管理人员肩负着管理育人和服务育人的神圣使命，在政治思想上应发挥表率作用。要认真学习领会，贯彻党和国家的教育方针，用社会主义思想武装头脑，热爱教育事业和本职岗位。要认真学习教育教学文件和规章制度，特别是与本职本岗位工作直接相关的政策、规定和制度，必须准确领会精神，并在实际工作中认真贯彻执行。

### 2. 道德品质要求

教学管理工作贯穿于整个教学过程，面向各系师生，教务管理人员的作风和品质每时每刻都在感染、影响着教职员工和广大学生。因此，教务管理人员应严格遵守职业道德，处处为人师表，时刻注意寓教于言、寓教于行、寓教于事，待人热情礼貌，办事公正廉洁，为人谦虚谨慎，自觉做精神文明建设的表率。要坚持以身作则，严于律己、宽以待人，要相互帮助、团结协作。自觉树立服务育人的观念，不断增强服务意识，全心全意为教学服务、为师生服务。要有强烈的事业心和高度的责任感，做到求真务实、乐于奉献、勇于进取。

### 3. 业务知识要求

教学管理涉及教育学、心理学、管理学、行政学、行为学、社会学、系统论和控制论等多学科知识，其本身有着丰富的知识内涵和内在规律，教学管理人员必须掌握好与教学管理有关的知识和原理；教学管理人员的工作对象是具有较高知识水平的教师和正在求知的大学生，要求教务人员应具有广博的科学文化知识，以便沟通与交流；现代科学技术飞速发展，信息科学与技术手段不断被引入教务管理，要求教学管理人员应及时学习并掌握最新的科学技术知识和现代化管理手段。面对具体、繁杂、不断涌现出的教学管理问题，要能灵活运用所学的知识分析和判断，提出处理意见和建议，为领导决策提供参考。

### 4. 行政能力要求

教学管理工作涉及面广、内容复杂，计划性、关联性、严密性和协同性强。教学管理人员，特别是部门负责人，应具有较强的行政能力，包括较强的计划与决策能力、观察分析能力、思考判断能力、预见想象能力、改革创新能力、语言文字能力，以及较强的组织指挥能力、鉴别评审能力、科学运筹能力、协调沟通能力、督促检查能力、果敢行为能力、坚韧自控能力。

# 第二节 教学计划与教学组织管理

教学计划管理主要是对课堂教学的计划与目标进行管理，保证教学计划制订与实施的可靠性。教学组织包括管理性组织与诱导性组织两种类型，而教学组织管理则是通过运用这两种方法对课堂教学的过程进行全方位的管理。

## 一、教学计划与教学计划管理

### （一）教学计划的概述

#### 1. 教学计划的含义

教学计划有广义和狭义两种理解。广义的理解包括培养目标、培养规格、学习年限、课程设置和教学进程总体安排等内容。狭义的理解则包括课程设置、教学进程总体安排等内容。

狭义理解的教学计划，是针对某一阶段的教学工作预先制订的教学目标、教学措施和步骤的书面安排。它是在培养目标和培养方案确定以后，为具体实施培养方案而制定的。

从时间系列看，它是一个纵向推进的进程；从相关课程看，它是一个横向关联的结构。两者的合理结合形成一个横向扩展、纵向延伸的学科体系。在教育部用培养方案取代以往的教学计划后，教学计划就只是培养方案的一个主要组成部分。从教学计划的编制实践看，按广义、侠义以及广狭结合含义编制的教学计划并行不悖。教育计划的最终目标都是解决培养什么人、如何培养以及业务方向、服务方向、人才类型等问题，都是基于一定的教育目的和培养目标而编制的关于课程设置、时数、顺序的文件，都是学校组织教育教学过程、安排教学任务乃至确定教师编制的基本依据。其既具有总揽学校教育教学全局的纲领性特征，又由于教学计划的主要内容是学科计划，规定了各个学科的教学顺序、教学时数以及其他各项活动的时数，因而对于完成教学任务具有具体的指导作用。

#### 2. 教学计划的类型

教学计划分为多种类型，包括长期计划（学年计划和学期计划）以及短期计划（单元计划、每周计划和每日计划）。这些不同类型的教学计划之间需要相互协调。长期计划的实现需要将该计划划分到每一学期、每一单元、每一周、每一天去完成。你对课堂效果的预期将决定教学目标的制订，你的教学计划也必须要反映这些教学预期。很多教学行为是由地方制定的课程标准或者测试要求决定的，但是，你必须记住一点：是你在教学生理解知识、鉴赏知识以及运用知识，因此，是你的教学计划将固定的课程转化成了有意义的教学活动、作业任务以及学习经历。在制订教学计划时，请重点考虑这两点：第一，学生需要掌握哪些技能和知识；第二，哪些活动可以让学生对学习产生兴趣。

### 3. 教学计划制订的要求

第一，教学工作计划应根据党的教育方针和教育行政部门对学校工作的指示精神，坚持以课堂为主，全面安排，面向全体学生，努力提高教学质量，保证教学工作的正确方向和稳定的教学秩序。第二，教学工作计划应从本校实际出发，提出明确的任务和经过努力就可以争取实现的目标。目标定得过低，达到目标轻而易举；目标定得过高，虽经过艰苦努力，也不能达到目标。这些都会挫伤教职员的积极性。第三，教学计划要有连续性。教学工作的周期性强，每一教学周期（学期、学年）都是前一周期的继续和发展。每次计划必须在上次总结的基础上进行，不能今天抓这个，明天抓那个，抓一个丢一个，结果什么也没抓着。第四，教学计划要有创造性。在科学飞速发展的今天，为了起到计划的指导性作用，教学要不断改革，计划必须不断创新。计划中要反映不断改革和不断创新的精神，提倡和支持在教学上搞改革和科学实验。第五，教学工作计划的任务要明确、措施要具体。每项任务什么时候完成、怎样完成、完成的标准是什么、由谁负责，都要落实，并要有执行和检查的具体措施。这样才能保证提高工作效率，达到预期的目的。

总之，制订教学工作计划要在原有的基础上有所发展，可以鼓舞全体成员经过努力达到目标。奋斗目标、措施安排得具体明确，切实可行。

## （二）教学计划管理的概述

### 1. 教学计划管理的含义

学校教学工作的任务是非常艰巨的。学校绝大部分的人员和绝大部分的设备都用于教学，学校动员全体人员参加教学管理，这就需要制订周密的教学工作计划，有科学预见和正确的决策。教学工作的计划管理，目的是使教学符合教学计划、教学大纲、教材的要求，掌握教学工作进程，保证完成教学任务。

所谓教学计划管理，包含着两方面的意义。一是用计划去管理教学工作，它是和用决定、指示和检查、指导去管理教学相对而言的，也是和那种靠领导者目光、随机处理的管理相对而言的。教学计划管理是整体有计划，靠计划去组织、安排、实施教学工作，各个部门也有计划，通过对这些计划的制订、指导与监督去管理教学。计划管理的第二个含义是，把各方面的计划都管起来，并进行考查、监督，从而掌握教学工作的进展。这两个含义结合起来，既要通过计划去管理，又要把各方面计划管起来，就构成较完善的计划管理。

### 2. 教学计划管理的要素

教学计划是国家教育主管部门制定的有关教育和教学工作的指导性文件，它体现了国家对学校教学工作的统一要求，是学校组织教育教学活动的重要依据。对教学计划进行管理，就是通过对未来教学工作和活动的设计，控制和指导整个教学过程，从而使教学活动处于最佳状态，并取得最好教学效果。实施教学计划管理，国家教育主管部门要负责制定课程计划、编制教学大纲、组织编写教科书等，而在学校里，则主要依靠校长、教导主任和教师来具体落实有关的教学计划管理工作。

对校长而言，要开展教学计划管理，首先，要熟悉有关的教学大纲，根据国家统一制定的课程计划，对全校教学工作进行计划指导；其次，也可考虑在国家规定的课程计划范围内，结合学校实际情况，制订出更明确具体的学校教学目标体系，从而使宏观层面的国家教学大纲与微观层面的学校教学计划有机地结合起来。

教导主任是校长和教师之间的桥梁，他要协助校长管理全校的教学工作，同时又要直接领导各教研组的教学活动。教导主任同样应熟悉有关的教学大纲，掌握各学科贯彻执行教学大纲和教学计划的具体要求，并对教研组工作加以指导。为组织好教学计划管理工作，一般来说，教导主任应要求各教研组制订出每学年、每学期的教学研究计划，计划应包括教学研究的基本精神、主要项目、基本要求、时间、地点、工作负责人等内容。

教师是教学过程中的主导力量，对教学过程进行计划管理，还应该对教师工作计划的制订与实施进行管理。教师要依据教学大纲和教材内容，了解学生的学习基础，制订课程教学的计划，并在教学内容和教学方法等方面多加钻研。对于学生，教师要指导他们制订一学期或一学年的学习计划，做到有计划、有步骤地提高学生的自学能力，使其掌握和改进自学方法。此外，预先拟定好考核学生成绩的标准，进行实事求是的评价，也是教师工作计划的重要组成部分。只有考核的结果才能最直接、最有效地显示教学计划管理的水平。

总之，对学校来说，实施教学计划管理，就是在国家规定的教学大纲和课程计划范围内，通过校长、教导主任和全体教师的辛勤努力，将有关的各科教学计划，在学校教学活动中具体组织、落实并不断完善的过程。

### 3. 教学计划管理的实施

教学计划管理的实施主要包括教学行政管理和编制教学大纲。

教学行政管理就是通常所说的教务管理，是教学计划实施过程中的常规教学管理。其任务是科学、有效、高质量地组织教学过程，包括教学运行管理、教务例行管理和教学档案管理。

教学运行管理主要包括校历的制订、课程的编排和执行，关键环节是制订开课计划，将教学任务落实到教师及有关人员。

教务例行管理主要是学生学习管理和教学过程管理。前者包括制定学生学习规章制度、编制学生手册、学生选课系统的建设、指导学生选课、组织各种考试、实施监考等，后者包括编制课程一览表、制订和组织落实学期的各项教学计划、全面检查教学情况和教学质量、组织观摩教学、总结交流教学经验、评选并表彰教学优秀者等。

教学档案管理主要是教学档案资料的收集和管理、教务数据统计管理和学生学籍管理。①

## 二、教学组织管理

### （一）课堂教学组织的类型

#### 1. 管理性组织

管理性组织是进行课堂纪律管理的一种形式，其作用是使教学能在一种有秩序的环境中进行。对于课堂纪律的衡量标准，过去和现在有着不同的看法。以前用上课时是否安静，判断是否是一个好班级，而现在，人们主张课堂不能像过去那样令人感到压抑，教师不是绝对的主导者，要充分发挥学生学习的积极性和主动性。课堂是学习的场所，使学生活泼地进行学习，要有纪律作为保障。因此，教师在进行课堂管理组织的时候，既要不断地启发诱导，又要不断地纠正某些学生的不良行为，保证课堂教学的顺利进行。

（1）课堂秩序的管理。教师必须从关心、爱护学生出发，了解他们的问题，倾听他们的心声，和他们交朋友。然后对症下药地提出要求，用课堂纪律约束他们。只有这样，他们才能心悦诚服地听从教师的指导。处理一般课堂秩序问题，教师可用暗示的方法，如用目光暗示，或在暗示的同时配合语言提示。当个别学生注意力不集中而又没有影响到其他学生时，教师不宜公开批评学生。除了暗示以外，教师还可以采用向其邻近学生提问、排除干扰注意力的诱因、课后谈话等方法解决问题。

（2）个别学生问题的管理。教师应创造一种互相信任、自然、亲切的气氛，在没有暴力、厌恶的情况下，对他们施加教育影响。对个别学生的问题，教师可以尝试使用以下方法：首先，做出安排使他们不能从不良行为中得到奖赏，从而自行停止不良行为；其次，奖励与不良行为相反的行为；最后，教育与纪律约束相结合。

（3）非正式群体的管理。有一些学生会因为兴趣爱好相似而组成一个个小团体，因为并不是像班级、小组那样正式的编制，所以称为"非正式群体"。有时候，非正

---

① 李国艳，田鸣. 高职学校教学运行管理制度与规范 [M]. 北京：经济管理出版社，2014.

式群体的行为与学校要求是不一致的，如果这样的群体中再出现几个"不服管教的"，就会非常难以管理，使课堂教学不能顺利进行。对于这样的情况，任课教师应与班主任积极配合，共同努力。一方面，全面了解学生情况，耐心做好学生的思想转化工作，避免一味简单粗暴的批评；另一方面，根据他们的兴趣、爱好、特长，可培养他们的潜能，给他们布置一定量的任务，让其完成，指定那几个"不服管教的"负责，再给予一定指导，保证任务顺利完成，让他们感受成功，从而逐步改正不足。

#### 2. 诱导性组织

诱导性组织是指在教学过程中，教师用充满感情、亲切、热情的语言引导、鼓励学生参与教学过程，用生动有趣、富有启发性的语言引导学生积极思维，从而使学生顺利完成任务。方法有下面两种。

（1）亲切热情鼓励。这样的组织方式，既适用于好学生，更适用于成绩较差或不善于表达思想的学生。在教师亲切热情的诱导下，学生会乐于接受教师的指导，从而顺利完成学习任务。

（2）设疑点、善激发。激发学生产生疑问，引起其学习的欲望，是调动学生学习积极性、使其深入思考问题的一种好办法。首先，教师要善于提出问题，特别是对于一些重要的教学内容，且学生理解又比较肤浅时，更要激发学生产生疑问。当学生要求解决矛盾的积极性被调动起来之后，紧接着是使学生学会思考，学会运用理论，运用科学的思维方法去求得矛盾的解决。

### （二）课堂教学组织管理的环境

#### 1. 备课

备课是教师根据课程标准的要求和本门课程的特点，结合学生的具体情况，选择最适合的表达方法和顺序，以保证学生能够有效学习。

教师备课一般要做好下列工作：第一，备教材。它包括研究课程标准，钻研教科书，研究相关的教学材料。第二，备学生。要了解本班学生的特点，如知识基础、学习能力、个性特点和身体状况等；了解学生的认知特点、学习方式等；了解本班的学风、班风，重点掌握学习好的和学习差的学生的情况，做到心中有人。第三，备目标。对备教学目标的具体要求是：教学目标不能用来表示教师的教学程序式活动安排。教学具体目标应采用可观察、可检验、可操作等句子陈述，包括行为、行为发生的条件和行为接受的标准。不要用抽象模糊的同语陈述教学目标，如"理解""欣赏""培养""体会"等。

#### 2. 上课

上课就是通过教师对课堂教学活动本身的导入、课中和结束过程的不断调整和控制，顺利实施教学设计方案，以达到预定教学目标。课中主要有以下几种教学策略。

（1）问题教学策略。教师在教学中提出问题是一项基本的教学策略。编制有效的问题，可从下列几方面考虑：提出"假设"的问题，要求学生对一个假设的事物加以思考；提出"比较"的问题，对资料、观点、答案就其特征或关系比较异同；提出"可能"的问题，要求学生利用联想推测事物的可能发展；提出"整合"的问题，提供给学生多种资料、观点、原理，让学生演绎出新的观点；提出"类推"的问题，由已知原理、观点推出未知的原理、观点。

（2）发散、集中教学策略。学生针对问题发表自己的看法，学生间进行"脑力震荡"，然后教师、学生进行比较、优选，集中到最佳答案上来。运用该策略要找准发散点，给学生以充足时间进行发散与集中思考。

（3）练习策略。练习是课堂教学的重要环节。教师可结合课堂教学过程的提问随机进行口头或书面、黑板上或本子里、个别或集体等多种形式的练习，从而达到启迪、反馈、巩固、迁移的目的。

使用练习策略要注意以下几点：首先，根据练习的目的与功能选择练习的时机与形式。其次，教会学生练习。练习中，教师要注意对学生进行指导，教给他们各种练习方法，使其学会练习。最后，适量适度，循序渐进。

### 3. 布置、检查课外作业

课外作业是课堂教学的延续，是教学活动的有机组成部分。布置作业的目的在于巩固、消化课堂上所学的知识，培养学生技能、技巧，训练学生独立工作的能力和习惯。

布置课外作业时应注意下列几点：首先，作业内容应符合学科课程标准规定的范围和深度，有助于学生对"双基"的掌握和发展其智能，选题要有代表性，难度要适中。其次，作业应与教科书的内容有逻辑联系，但不应是教科书中例题或材料的照搬。作业要具有典型意义和举一反三的作用。再次，作业应有助于启发学生思维，含有鼓励学生独立探索并进行创造性思维的因素。最后，可根据学生的能力和学习速度，给优生和后进生分别布置分量、难度各异的作业，并给予必要的指导、提示或帮助。

### 4. 课外辅导

课外辅导是班级授课制的必要补充，课外辅导的主要任务和内容包括：给学生解答疑惑、指导学生的课外作业；给缺课或者基础差的学生补课；为优秀生和有专长的学生做进一步的指导，来帮助学生明确学习目的和掌握优秀的学习方法；指导学生进行课前预习、课外阅读以及课外活动等。课外辅导一般有个别辅导、小组辅导和集体辅导三种，主要是由对学生学习的辅导和对学生的思想教育两部分组成。

### 5. 学业成绩的检查与评定

学业成绩的检查与评定应从两方面入手：一是检查与评定学生的学习效果。可以通过日常观察分析、检查作业及各种测验来进行。二是分析评价教师上课的效果，可根据上好一堂课的要求，确定其评估指标。

检查、批改学生的课外作业时应注意以下几点：首先，按时检查，以养成学生按时完成作业的习惯；其次，认真批改，以发现学生在知识、技能方面的错误和缺陷；再次，仔细评定，作业一般应有成绩并尽可能写上简短的评语，以对学生学习提出明确要求，指出其未来的发展方向；最后，及时反馈，作业情况应及时反馈给学生，以强化学生对知识的正确理解和运用，纠正学生的错误并指出其原因。

## 第三节　教学质量管理

教学质量管理是对学校教学工作进行评价的重要指标，其指导思想是"三全"管理与"四个要"，该指导思想对于教学质量管理方法的实施有着思想上的保障。

### 一、教学质量管理的含义与特点

#### （一）教学质量管理的含义

教学质量的高低是衡量学校教学工作优劣的主要标志，教学工作的质量管理是教学管理的主要任务。学校教学质量管理是一个比较复杂的问题，目前教育界尚未给其下一个统一的定义。

《教育管理辞典》对"教学质量管理"的定义是："按照培养目标要求安排教学活动，并对教学过程的各个阶段和环节进行质量管理控制的过程。也是对教学过程进行全面设计、组织实施、检查分析，以保证教学过程中能够达到各项教学要求和实现培养目标的一种管理方法。"江家齐等人认为："教学质量管理应该是把质量要求贯穿于管理的各个方面和各方面工作的全过程，最终保证学生达到教育目标所规定的标准，或超过这个标准。"戚焕林等人认为："教学质量管理就是指各级管理部门，监督保证在教学过程中的各个环节按规定质量标准和要求顺利执行，以达到培养目标的要求。"

参照企业质量管理和上述教学质量管理的定义，我们可以将教学质量管理的内涵理解为：管理者根据一定的教育教学目的和教学质量标准，采用科学的管理理论、手段和方法，从分析影响教学质量的诸种因素入手，对教学、管理和服务等各个方面工作及其过程进行有效的质量控制，形成较为完善的教学质量检查、评价、监控与反馈体系，以保证教学任务的顺利完成和教学质量的全面提高。[1]

#### （二）教学质量管理的特点

第一，管理过程的长期性。学校教学质量管理具有不易确定性和迟效性。"十年

---

[1] 林鸿潮.中小学案例管理标准化[M].北京：中国法制出版社，2014.

树木，百年树人"，人才培养是一个长期的过程，它不可能像工商企业质量管理与监控那样"立竿见影"，而必须是锲而不舍地长期进行教育、熏陶、监控和管理的结果。第二，管理效果的迟滞性。企业质量管理的效果与市场直接挂钩，只要把产品投放于市场立刻可以检验出来产品质量的好坏。而在学校教学质量管理实施的过程中，有些与教育方针、教育教学规律相违背的消极活动，其负面效应在短期内很难显现，尤其是思想、文化价值观等方面，往往几年甚至几十年后才显现出来。因此，需要充分认识到这一特点，坚持长期的、科学的、规范化的教学质量监控与管理。第三，管理对象的学术性。学校教学是国家为培养高层次人才而实施的教学，因此，它具有很高的学术性。其表现主要体现在以下几个方面：一是管理对象和教学要素具有强烈的学术性，包括教师（教授、专家）学术、学生学术和课程与教学学术；二是教学与国内外学术界进行学术交流过程中的学术性；三是教学质量管理本身具有较高学术性。这些形成了教学的学术性，从而必然需要教学质量管理具有强烈的学术性和理论化品格。第四，管理内容的专业性。高等教育与中等、初等教育的主要差别在于教材的不同，高等教育研究的是高深学问。在某种意义上，所谓"高深"只是程度的不同，但在另一种意义上，这种程度在教育体系的上层是如此突出，使它成为一种不同的性质。由于大学专业分化明显，因此，大学本科教学质量管理需要相关专业人员实施专业教学质量的管理，而中小学教育趋于综合化，尚未划分专业界限，教学质量管理便也趋于综合化。

## 二、教学质量管理的指导思想与内容

### （一）教学质量管理的指导思想

在最近六十年中，发达国家的质量管理已由传统的质量检验阶段发展到质量控制阶段，又进入全面质量管理阶段，并已成为管理科学中的一门独立科学。现代质量管理就是全面质量管理，结合我国的教学实际，其基本指导思想可以概括为"三全"管理和"四个要"。

所谓"三全"管理，就是全面质量管理、全过程的管理、全员参加管理。

全面质量管理是指质量管理的对象是全面的，既要管理教师的教学质量，又要管理学生的学习质量。

全过程的管理是指管理的范围要全面，要把提高教学过程中各项工作的质量作为管理的重点。教学过程中的各个环节都对学生的学习质量产生不同程度的影响，而过去只注意质量检查（考试），而不注意创造质量的教学过程。教学过程的各个环节是由各种因素构成的，其中最重要的因素我们称之为"要素"，这里主要是教师、学生、教学内容、教学设备等四个要素。这些要素在各个环节的质量，决定着各个环节的质量和教学质量。因此，我们要通过管理和提高各个环节：各个要素的质量来提高学生的质量。

全员参加管理，是指质量管理，人人有责。首先，学校各部门，如教导、总务后勤、党团学生组织等都直接或间接地影响着学生的质量。所以，各部门都要以优质的工作确保学生的质量。其次，学校各类人员的本职活动，如学校领导层的方针目标管理和领导教学的常规管理，中层（教导处）的实施管理，教研组人员的教学和科研管理，教师教和学生学的各个环节的管理以及学生的班级和学习小组管理都直接影响着学生的质量，只有建立质量管理系统，形成一定的管理体制，实行有组织的系统管理和群众管理，才能使各能动要素都参加管理，达到专门人员的管理和群众性的管理相结合的要求，各类人员各司其职，协同活动，从而使学校成为培养全面发展的高质量人才的摇篮。

"四个要"就是要为双重任务着想，要以预防为主，要用数据说话，要按科学管理程序办事。

第一，要为双重任务着想。从学校的教育方法和中学的双重任务出发，应做到使高等学校和生产部门对毕业生的质量感到满意。毕业生离校后要派人调查他们升学和就业的表现。听取有关学校和生产部门的意见。或者邀请毕业生返校座谈，从他们升学、就业的切身感觉，对母校的教学工作等提出积极建议。在小学要树立为中学着想的思想，派人到中学调查本校毕业生升入中学后的情况。中小学全体人员都要树立对下一道"工序"和下一个年级负责的精神。第二，要以预防为主。质量检验是事后把关，不管结果，要以预防为主要求"管因素"。影响学生质置的因素有领导管理教学质量、教师教的质量、学生学的质量。所以，要对这几个因素的全过程进行管理，实行工序控制，坚持质量信息的及时反馈。同时，要控制好教师、学生、教材、设备这些因素，并做好预防工作。如果半年或一年之后才算总账，也就谈不上管理了。第三，要用数据说话。质量管理是一门科学，其科学性的重要标志就是数据说话。数据是质量管理的基础和依据。数理统计方法是现代质量管理中最基本的有效工具，它能帮助人们发现质量问题。长期以来，一些教育行政部门和学校检查教学工作，往往凭个人经验、印象、估计，不重数据，用几条优缺点作为结论，这是不科学的，也是不能真正保证质量的。当然，教学管理是一种不精确的现象，教学对象是人而不是物，可变性、复杂性、模糊性大，可控性小。它与工业管理不同，比如，工作态度和工作质量很难完全进行精确的数量统计，很多工作要靠观察、谈话、感情体验、经验判断和思维分析，但我们要积极探索和试验，用数理统计工具来研究、分析和控制质量问题，力求做到质量管理具体化、科学化。第四，要按科学管理程序办事。质量管理的过程是按照计划（P）、实施（D）、检查（C）、总结（A）四个阶段进行循环的，是一切部门、一切人办一切事必须遵守的科学程序，既有阶段性又有连续性，不断循环，不断前进，符合事物发展的客观规律和辩证唯物主义认识论，这种管理程序也是教学质量管理的基本手法。

根据全面质量管理的基本思想，教学质量管理的任务是运用各种管理职能，帮助学校领导和师生树立全面的教学质量观，调动他们领导和参加质量管理的积极性；加强对教学全过程的程序控制和监督检查，帮助教师不断改进教学，严格把关质量；帮助学生科学地组织学习；建立和完善教学质量管理体系，以最少时间和精力获得最佳的效果，保证大面积地提高教学质量，为国家培养全面发展的一代新人。

### （二）教学质量管理的内容

#### 1. 加强教学组织活动管理

在教的方面：一是加强备课管理。要求教师备课程标准、备教材、选择教法、准备教具、精选作业、设计板书。二是加强上课管理。要求教师教学目的明确、教学内容准确、教学方法恰当、课堂气氛活跃、师生关系融洽、有激情、有互动、能按教学环节组织教学。三是加强辅导管理。要求教师能从学生实际出发进行分层辅导，因材施教，能根据学生需要设计练习题，既要辅导学生掌握知识，也要教给学生学习方法，启发学生思考问题。四是加强作业管理。要求教师布置作业能照顾两头，面向中间，精选习题。批改作业严格，及时批改，及时点评。五是加强考试管理。要求教师把好命题关、考试关、评卷关、分析关、反馈关、补缺关，使考试起到发现问题、查缺补漏的作用。

在学的方面：一是加强预习管理。培养学生课前预习的良好习惯。二是加强听课管理。要求学生注意力集中，积极思考，能抓住老师讲课的重点，当堂消化、当堂巩固，能在听懂的前提下适当做笔记，能踊跃回答老师的提问，对未听懂的内容能课后自行钻研或请教老师。三是加强复习管理。要求学生课后钻研教材和笔记，弄懂问题，在全面复习的基础上分清主次，抓住重点和关键，记住基本公式、定理和概念，能掌握知识点间的前后联系，融会贯通，复习有计划，把经常复习和阶段复习结合起来。四是加强作业管理。要求学生先复习后作业，独立完成，仔细检查，按时上交。五是加强小结和考试管理。要求学生能把每章、每节、每单元的知识系统化，能归纳整理内容要点，既能对知识进行小结，还能对学习方法进行小结。考试时能遵守考场规则，认真审题，答题能先易后难，保持格式规范、卷面整洁，把控好时间。

#### 2. 全面控制影响教学质量的因素

影响教学质量的主要有教师、学生、教材、设备四种因素，需要加强对这四种因素的管理：一是加强教师管理，着重提高他们的思想素质、敬业精神、业务水平和教书育人能力；二是加强学生管理，着力教育学生遵守纪律、克服困难、发挥主体作用、积极主动学习；三是加强教材管理，着力提高教师理解教材、吃透教材、运用教材、设计教法的能力，提高学生自学教材、掌握教材的能力；四是加强教学设备管理，既要保证设备齐全、运行良好，又要加强养护，延长使用期限。

### 3. 开展教学质量检查

做到学校管理者检查和师生自我检查、阶段性检查和平时检查、书面口头检查和实际操作检查、全面检查和抽样检查、校内检查和校外追踪调查相结合，多角度、多层面对教学质量进行检查。

### 4. 进行教学质量分析

没有检查就无从分析，检查而不分析就不能改进工作、提高质量。教学工作质量分析可采取领导分析和师生自我分析、静态分析和动态分析、数量统计分析和特征性分析相结合的方法。

## 三、教学质量管理的方法

### （一）建立教学质量保障体系

#### 1. 教学质量组织管理保障系统

教学质量组织管理保障系统一般指以校长为第一责任人，主管校长、主任为主要负责人，由"教学处—教研监控中心—教研组—年级组"构成层级管理系统，构成学校组织管理保障系统。组织管理保障是落实学校教学质量保障的重要环节。组织管理保障系统的建立，使学校管理系统化，也使组织的重大决策通过这一系统能够有效地贯彻实施。组织管理保障需要管理者对教学要素的组成十分清楚，教学要素管理主要通过"计划决策—组织实施—检查指导"来实现。

#### 2. 教学质量保障决策系统

教学质量一般由校长办公会议承担决策保障任务，其主要职责是周期性地审议学校教学质量目标方案的落实情况，决定学校重大质量保障活动，包括制度、经费上的保障。此外，决策系统在决策过程中需要科学理论和科学技术方法的支持，研究如何调动教职员工的积极性、创造性，使教职员工高效地完成决策指挥系统的决策目标。

保障决策系统要对教学质量负全责，注重教学质量目标的制订、实施的情况；要对教师的需求做出正确的分析，并根据分析的情况给予决策保障。保障决策系统通过对学校生源输入质量的定量与定性分析，对学校的教学质量目标进行定位，为教师提供质量加工的基本标准。再通过对"教"与"学"过程质量的追踪监控，对教师教学再加工能力进行较为科学的分析，为教学质量过程评价提供决策。决策来自对教学质量过程的监测，并对监测过程中出现的质量偏差给予及时纠正和调整。

### 3. 教学质量保证监控系统

教学管理的标准化、规范化、现代化、科学化属于常规管理的范畴。为加强学校课堂教学的评价与管理工作，学校要成立教学质量监控中心。教学质量监控中心由校长亲自领导，其成员由教研组长及骨干教师组成，人数以13或15人为宜。教学质量监控中心具有指导、研究、参谋、视导、评价等功能。主要职责概括为评价与诊断职责、督导与监控职责、指导与研究职责、听课与评课职责、对学校的教学质量监控负全责。中心可组织全校教学研究活动，并进行全面的质量评估。

### 4. 教学质量信息收集系统

教学质量信息收集系统有两个子系统，一是教导处由专人负责对教学质量的资料、分析进行收集和整理的系统。二是由教研中心所设的专门负责人对教学质量评价、监控质量的信息进行归纳整理的系统。对于学校管理者来说，掌握学校的质量信息是十分重要的，他们可以利用信息的属性增进领导的效能。一方面，利用信息的共享性、无限性、开放性、时效性、有序性、转化性的特点，可以追求信息的共享，利用共享信息进行再创造，充分利用信息的有效性达到新的管理效率；另一方面，利用信息的转化性特点，有效地做好课堂质量的监控，可以达到提高教学质量的目的。

### 5. 教育质量信息反馈控制系统

信息反馈控制系统也有两个子系统：一是由学校教学副校长牵头，教学主任、各年级组、教研组长组成的信息反馈系统，其主要职责是综合有关方面的意见（主要是来自学生对教的质量评价的信息反馈），提出改进意见和措施。二是由教研中心成员构成的信息反馈系统，主要对课堂教学质量进行监测，将监测结果信息及时进行反馈。在领导控制的基本方法中，有一种"黑箱"方法，即"只管两头，不管中间"。黑箱方法与信息反馈的方法是两种行之有效的管理方法。在学校管理中，利用反馈方法是有效地实行管理控制的重要手段之一。所谓反馈，是指系统的输出信息返送到输入端与输入信息进行比较，并用两者的偏差进行控制的过程和方法，是一种保持运行组织的稳定，跟踪控制目标及干扰因素的方法，包括正反馈与负反馈。这种反馈的方法，在教学管理中运用得最为普遍。它通过对教学质量数据信息的定性与定量分析，总结出"教"与"学"的问题，进而设计一种反馈机制，使教师纠正"教学"中的偏差，有效地完成目标。

## （二）加强教学质量监控

### 1. 对学校创新创业型人才培养目标的监控

重点突出专业性与创新性，培养具有开创个性和创业综合能力的可持续发展的高素质人才；以创业意识、创业心理品质、创业知识、创业能力培养为主线，建立"产学研"结合紧密、校企双向介入、共同育人的创业人才培养模式；主动适应经济发展需要，结合区域经济特色，制订科学完整的紧密结合专业特色的创业人才培养方案和毕业生质量标准。

**2. 对创新创业教育的课程体系与教学内容的监控**

对于创新创业教育的课程体系与教学内容，主要监控其是否与培养目标相适应。对课程体系的监控内容主要包括课程结构、教学计划、教学进度、课程标准和教材。

对课程结构主要监控创新创业教育课程是否采取必修课与选修课相结合、显性课程与隐性课程相结合、学科课程与活动课程和实践课程互动的多元形式；对教学计划主要监控其内容是否与学生知识和能力的培养目标相符；对教学进度主要监控其是否与专业课程教学进程一致；对课程标准主要监控其是否与教学计划相一致；对教材主要监控其时效性、针对性以及应用性，同时要严格监控教材规格；对教学内容主要监控其是否与教学培养目标、课程标准、教学计划相符，制定的课程标准是否与国家要求相符，是否对应地方经济社会发展的现实需要，是否符合人才培养质量的各项指标要求。

**3. 对教学资源的监控**

教学资源包括软件资源和硬件资源，对创新创业人才培养具有保障功能，是质量监控中的重要一环，其中包括资金保障、师资队伍和实训基地建设等。资金保障也就是经费投入方面要稳定且足够使用，这是学校开展教育教学的基础性条件。学校尤其是大学的经费来源主要包括中央财政、地方财政的专项和生均经费，学校自筹经费和社会资助。对经费的监控，主要是总经费、年生均经费与标准经费的比较，与本校上一年的纵向比较和与本区其他院校的横向比较，不能低于平均水平。

师资队伍是保障学校教育教学质量的重要条件。师资队伍的监控指标主要是学历、数量、经验、结构等因素。学校尤其是大学的师资队伍主要强调双师型师资队伍，尤其是企业经验丰富的师资队伍。教师素质主要是教师创新性教学能力、教师的创业指导能力、教师的科研成果与创业实践衔接能力、教师捕捉创业信息能力等。学校教育教学实训基地建设主要包括具有真实工作环境的校内实践基地的数量与建筑面积，校内实践基地的利用率，校外实训基地的数目、建设水平和利用率，科技园、孵化器等提供的服务能力等。

**4. 教学运行质量监控目标**

学校的教学过程一般都是由理论和实践两个部分有机组成，教育教学活动质量监控的形式基本上按照教学的基本规律，在理论和实践两个层面开展质量监控行为。理论层面包括课堂教学的系列环节，强调课堂教学效果，目前也存在突出过程性考核的手段；实践层面主要是组织学生开展创业活动或者是在实训室（实验室）中开展创业行为的质量检测等。

### （三）保证教学质量评估的有效性

教学质量评估是教学管理的一个重要途径。它具有导向、诊断、监督与激励功能。通过教学质量评估，可以及时发现问题、诊断问题，改进教学工作。可以促进各个教学环节质量标准的执行，提高教学管理的科学化水平，推动教学改革的不断深化和教学质量的提高。教学质量评估是一个科学性、规范性、程序性都很强的复杂系统，它包括教师教学质量评价、学生学业成绩评价、院系教学水平评估、课程评估、专业评估、实验室评估、教研室评估以及学生评教、教师评学、考试考核、项目评估等一系列内容。由于有关教育教学评估方面的著作已有不少，下面仅对考试考核、评教评学、专项评估这三方面内容进行探讨。

#### 1. 考试考核

考试是获得学生理论知识学习和基本技能培养状态信息的主要方式，是全面检查教与学两方面质量的重要环节，对考试结果的统计分析和信息反馈、利用也是持续改进教学的依据。对考试质量的监控，应把重点放在提高全体师生对考试工作的认识水平、加大宣传力度、改革考试方法、实行教考分离制度、狠抓考风考纪等方面。

考核是指对教师的教学质量、学生的学习质量、教学管理人员的管理与服务质量及其工作业绩等进行年度考核和聘期考核，并根据考核结果进行相应奖励和处罚。例如，对教师教学质量的考核，要看教师教育教学思想的先进性、教案等教学文件的完备情况、课堂教学质量和实践教学指导效果、教书育人的态度、教学工作量、教学改革的措施及成果等方面的内容。

#### 2. 评教评学

学校要通过各级领导听课、教学观摩、同行互评、学生评教、教师评学等方式，建立校、院（系）两级评教评学体系。其中，要重点抓好学生评教工作，因为学生是教育教学服务的"第一消费者"，他们对学校教学质量最为看重，并且他们与任课教师的接触最为直接，对教学过程的体会最为深刻，对教师的评价具有一定的客观性和权威性。通过学生评教活动，可以充分发挥学生的主体作用，建立师生间的联系与沟通渠道，帮助教师及时了解自己在教学工作中的优缺点，促进教师增强责任心，充实和更新教学内容，改进教学方法，创新教学手段，提高教学质量，从而让"消费者（顾客）"满意。

要做好学生评教工作，学校必须充分利用互联网直观、快捷、互动性强和操作方便的优势，建立教学质量网络监控平台和网上评教系统。学生通过网络对本学期各门课程的授课老师进行评分，并提出意见。学生评教结果的统计、汇总、分析和反馈都可以通过网络实现，从而提高学生评教工作的准确性和时效性。

### 3. 专项评估

教学质量专项评估是全面了解某方面教学活动及其效果的重要途径。其主要内容有：教学计划评估、教师教学质量评估、学生学习质量评估、院（系）教学工作水平和教学管理水平评估、品牌专业和新建专业评估、优秀（精品）课程评估、教材质量评估、实验室评估、实习基地评估、教研室评估、毕业论文（设计）评估、教学名师评选、优秀教学成果奖评选、拔尖创新人才评选、毕业生质量评估等。这些评估既有单项评估，也有综合评估，但都要根据评估对象和评估目标的不同，设计各种科学的评价指标体系。

要搞好教学质量评估，必须注意以下几点：第一，要加强对评估的组织领导。对规模较大的高校，可以设立专门的教学评估机构，如教学评估中心，并根据不同评估的需要，成立相应的评估领导小组或评估工作小组。第二，要做到评估主体多元化。参加教学质量评估的人员包括各级领导、教学质量管理部门人员、教学督导专家、同行教师、学生甚至校外专家和社会力量等，他们从不同视角对教学质量进行多方位、多层次的综合评价。例如，对教师课堂教学质量的评价，学生评教、领导听课、专家督导、同行评议等的得分应各占一定的比例，这样才能保证评价结果的客观性和公正性。第三，评估结果一定要及时反馈并进行合理奖罚。单位教学工作的评估结果要与单位（院系）领导的任期考核和单位教学经费投入挂钩，教师教学质量考评要与教师职务评聘、年度考核、评奖评优、岗位津贴挂钩。对教学评价特别是网上评教结果排在末位的教师，各院系要安排他们停课进修，再次考评排名末位者实行转岗或分流。

第四，要不断完善评估方法和手段。对教学质量的评估，要采取定性与定量相结合、终结性评估与过程性评估相结合、自评与他评相结合的方法，并注意借助信息与网络技术，建立适时、动态评估系统，提高评估的效率和效度。

# 第六章  学校教师与学生工作的管理创新

学校教师与学生工作的管理创新在学校管理中有着一定的作用，教师与学生在学校中扮演着重要角色，这就意味着对教师与学生的管理也需要创新发展。

## 第一节  学校教师管理与评价机制

### 一、教师工作的特点

教师管理的核心是对教师工作的管理。而对教师工作进行科学管理的前提是对教师工作特点的准确把握。遵循教师工作特点和规律的教师管理能够为教师提供一种理解、尊重，使其感到精神愉快的学校氛围，进而促进其将良好的精神状态带入教学工作中，进而创造优异的工作业绩。反之，忽视对教师工作自身特点的关注而进行盲目巧管理，则会挫伤教师的工作积极性，降低工作的质量和效果。

#### （一）工作性质的专业性

伴随教师专业化趋势的发展，教师工作的专业性特征越来越得到人们的认同。与之相伴，教师作为专业人员的工作身份也逐步得到确立。教学工作的专业性意味着几下几点：教师在专业范围内有自主决断权；以一套标准来对提供的专业判断和专业行为等专业服务项目负责任；行政管理人员要为专业人员的工作与自由发展提供方便。也就是说，教师工作的专业性最重要的内涵就是教师在自身工作中专业自主的确立。因为教师是否能用相当程度的自主决策的权力，是学术自由和教师专业的一部分，也是衡量教师专业化水平的一项重要指标。

教师专业自主主要体现在课堂教学中。教师在课程设计、教学过程、学生管理和评价等方面享有"法理"的权威，无论同事还是行政管理人员都不能妨碍这种权威。因此，教师专业自主的实现一方面与外在管理提供的环境相关；另一方面也与教师自身的专业素养有关，专业素养越高，专业自主实现的可能性越大。

在学校管理中，对教师工作专业性的认识和尊重意味着学校在管理中，要处理好行政事务管理与教学管理的关系。这是因为专业人员总希望自己在自己职责范围内有较大的自主权，能独立开展工作，不受外界或行政的干预。这样，教师与教育行政人员发生冲突的情形在学校管理中会经常出现。例如，很多学校要求教师上课前要有精心准备的教案，并进行教案检查和评比。而一些教师则认为上课好坏与教案无关，没有教案照样可以上好课，因此，就会公开违背学校的行政规定，从而造成一种紧张的管理关系。针对这种情况，专家建议塑造一种"平等模式的集体"，让教师在教学过程中享有自主权，允许他们按自己的方式组织教学。每个教师都有权去优化与拓展教育内容。笔者认为，只要能取得好的结果，学校就应该给予教师较大自主权。如果突然这种方式出现问题，或是学生有什么意外，这时才是管理者发挥作用的时候。也就是说，行政管理和教师自我的教学管理应该有一种责任和范围的区分，管理者和教师应各司其职，各尽其责。为此，有专家提出了相应的改变组织结构的策略和方法，建议将一个组织的内部结构分成两种形式：一种是"以封闭和惩罚为主的结构"；另一种是"以开放和人际关系为主的结构"。前一种结构专门用于处理组织中理性的事务和活动，制定行为决策；后一种结构专门用于处理组织中的专业事务和活动，制定专业决策。在前一种结构中，行政人员起决定性作用；在后一种结构中，专业人员起决定性作用。通过这样的组织结构改变来减少行政人员与专业人员之间的摩擦，在保护教师专业自主的同时可以形成和谐的学校管理氛围。

### （二）工作内容的复杂性

教师工作的复杂性是由教师工作对象的特殊性决定的。教师的工作区别于其他工作的重要特征之一是教师的工作对象是人不是物，而且是处于身心发展过程中的人。因此，教师的工作内容既包括对学生认知水平和理性素养的提升，又包括对学生情感的陶冶和升华，还包括对学生的行为习惯进行规范和培养。此外，教师的工作内容既包括针对不同学生个体的教育影响，也包括对作为班级的学生集体的整体性的管理和引导。这就对教师自身的能力和素质提出了巨大的挑战。这就意味着，教师工作内容的复杂性会导致教师工作压力的增加，精神负担的加重。

此外，因为教师的工作对象是人，是千差万别的学生，学生的成长和发展会受到复杂的社会、家庭因素的影响，所以，教师的教育是在复杂的背景因素和主体因素下产生作用的。这就意味着对教师工作进行评价十分复杂。此外，作为成长中的人，教师的教育影响的显现需要历经一定的时间和过程，因此，教师对学生的教育具有迟效性。

由于教师工作内容的复杂和挑战以及工作评价的困难，所以学校需要理解和尊重教师的管理和工作，并且尽最大可能采取科学公平的评价方式，形成对教师工作的合理的评价，使教师能够在付出之后得到精神上的认同感和公平感，以使其形成和保持积极向上的工作状态。

### （三）工作方式的个体性

虽然教师可能面对着同样的教材、同样的教学目标、同一年龄阶段的学生，但是每个教师却以自己个性化的方式实施着教育过程。正如人们所形容的"在关起了门的教室里，教师乃无冕之王"。教室是教师的舞台，教学过程是教师以自己对教育的理解对学生产生影响的过程。因此，不管外界有多少制度性规范和管理，教师自身的主体性及其工作对象的主体性都决定了教师工作的个体性。教师工作具有自身个性化的、不可复制的特征。因此，对教师的管理应当以对这种个体性的尊重为前提。因为学校在管理上如果在空间、时间上以集体的形式对教师活动进行严格规范，将不利于提高教师劳动的质量和效率，在管理上越尊重这种个体形式，就越有可能取得实质上的集体协同的效果。

与教师工作的个体性相对座的就是教师工作的主体内在性，教育教学工作的完成需要教师调动自身独特的内在精神力量来完成，用美国学者帕克·帕尔默的话来说，就是需要"教师个体自我心灵的力量"——"当与学生面对面交流时，唯一能供我立即利用的资源是我的自身认同感，我的自我的个性，还有身为人师的我的意识，如果我没有这种意识，我就意识不到学习者你的地位"。然而，帕克·帕尔默同时也指出了一种令人深思的现实状况：在匆忙的教育改革中，如果继续让称职的教师缺少工作的意义，仅仅依靠增加拨款额、重组学校结构、重新编制课程以及修改教科书，那么改革永远不能够成功。教师确实应该得到更多的补偿，从官僚制度的困扰中解脱出来；学校应赋予其学术管理方面的职责，为他们提供尽可能好的方法与工具。但是，如果学校不能珍惜以及激励教师，就不能改变教育。另外，学校也要珍视和保护教师工作内在自由，而不应只关注外在的显性条件的改变。因为"优秀的教学不能被降格为技术，为优秀教学源自教师的自我认同和自身完善"。这就需要学校管理者和教师个体共同努力，优秀教学的实现创造必要的客观和主观条件，使教师获得应有的心灵自由和保持良好的精神的状态。

### （四）工作成果的集体性

教师工作的成果是学生的全面发展，而一个学生素质的全面发展并非某一个教师个体努力的结果，而是所有教育这个学生的教师集体劳动的成果。因此，任何人都无法对教师劳动的成果进行绝对意义上的个体性分割的。学生在发展的横向结构上对于各科知识的掌握以及学生在德智体等各个方面的发展是由担任各门学科的老师共同教育实现的。此外，在纵向上，学生的成长和发展是其各个学习阶段的教师教育和培养的成果。例如，启蒙教师的影响会为学生后来在中学乃至大学的发展奠定基础。

教师工作成果的集体性意味着教师往往无法清晰地界定自己的劳动成果。这就在一定意义上要求教师保持一种内在的评价标准，以自己认为正确有效的方式教育学生，依照良心的呼唤去实施教育，而不应因为教育成果无法对应到自己身上而抱着顺其自然的心理不尽心完成了自身的教育任务。

教师工作成果的集体性意味着，学校管理者应当通过适当的机制和文化促成教师合作文化的形成和教师团队的建立。学校管理者应引导和提倡各任课教师之间，任课教师与班主任之间，教师和教师之间形成相互配合、共同协作的文化氛围；尤其需要通过评价机制的改变，注重对团队集体成果的评价，而不是过分强调个人之间的竞争性。此外，学生教育的阶段性之间的衔接也要求学校管理者引导教师以更负责任的方式实施本阶段的教育，完成本阶段的培养目标，为学生顺利地成长尽到应尽的教育职责。如果每个阶段的教师都能持有对学生长远发展负责的态度，着眼于学生未来的发展为学生构建完善的知识和能力结构，那么，教育就会形成一个可持续的发展系统。这些都需要学校管理者的观念引导和制度规约，从主客观等多个维度促成教师集体教育成果的获得。

### （五）工作时空的无边界性

教师工作时空的无边界性是指教师的工作在时间和空间上都具有很大的弹性和延伸性，人们无法通过外在的规定而对其做出明确而精细的规定。人们常用"教师的工作是一个无底洞"来形容教师工作的无边界性。因为，教育的魅力就是教育能够将无限的可能性转化为现实性，而这种改变是依靠教师在时间和精力上的投入实现的。教师投入越多，学生改变和成长得越多，教师内在的潜力被激发出来得越多，而且没有最好，只有更好。因此，如果一个教师对教育抱有坚定的信念，怀有持久而热烈的激情，他就会把自己几乎全部的时间投入教育当中，他工作的空间就不只限于教室和办公室，他会走进学生的家庭、学生的宿舍以及带领学生走向更宽阔的社会空间之中使其获得锻炼和发展的机会。

教师工作时空的无边界性意味着对于教师的管理不同于对流水线上的工人的管理那样依靠外在的控制来实现工作的效率，而是在外在时空上给教师更多的自由弹性，最重要的是调动教师内在的工作激情。要求教师8小时甚至10小时坐班的外在规定究竟能够产生多大的管理效果取决于教师在这段时间里以什么样的状态和心情在工作。很多学校在要求教师坐班之后，教师往往聚在办公室里聊天甚至打毛衣、做十字绣等。这种外在的规约除非加上内在的激励和调动，否则徒有形式而失去了管理的意义。

教师工作的特点是建立教师管理制度和方式的重要依据。管理者只有对教师工作本身的性质有了充分的理解和尊重，才能有针对性地进行激励和评价，最大限度地实现教师个体的价值，进而也充分实现学校教育的价值。

## 二、教师激励

教师工作积极性的调动和潜能的发挥需要有效的激励和评价。教师激励需要遵循其内在的机制，还要运用适当的方法。教师激励的主要方法包括薪酬激励、目标激励、领导激励和工作激励。就教师评价而言，存在两种不同的价值取向的评价制度，即奖惩性教师评价制度和发展性教师评价制度。教师评价的常用方法包括绩效评价法、教学档案袋评价法、微格教学评价法和自我评价法。

教师激励在本质上是在学校管理中对教师情绪和情感力量的激发和维持。人是一种蕴藏着无限可能性的存在。这就为成功的管理留出了发挥作用的空间。教师激励就是将教师个体的潜在能量激发出来，激起教师的进取心和奋斗精神，使其在教育教学工作中展示自我饱满的精神风貌并实现自我价值。在日常的学校管理中，人们往往注重的是外显行为的规范和要求以及事后的奖励和惩罚，而忽视了内在的情感力量的调动，忽视了精神启动机制在管理中的价值，这样往往会造成管理的滞后性和被动性，从而也就造成了人才的浪费和管理的低效。因此，对于教师激励的重视和科学运用在教师管理中具有重要意义。

### （一）教师激励概述

激励是管理的核心。对于学校管理而言，教师管理的本质就是对教师进行有计划、连续持久的激发和鼓励，使教师不断发挥潜能与主动性，进而实现学校的育人目标，也实现教师个体的人生价值。

#### 1. 激励的内涵

人们对激励内涵的理解是一个逐渐变化的过程，这一变化过程反映出人们对人类自身的认识在不断深化，对管理本质的理解不断清晰。

在科学管理理论盛行时期，人们普遍认为激励是"A 使 B 做 A 希望 B 做的事"。这种认识，包含着一种浓厚的强制色彩和役使性质。随着管理心理学和组织行为学等学科的发展，人们对激励的理解越来越具有主体色彩，被激励者的反应引起了人们足够的重视。激励就是引导有各自需要和个性的个体或群体为实现组织的目标而工作，同时也使其达到他们自己的目标。从这些激励的定义中可以发现，激励与个体内在的需要有关，并且个体内在的需要构成了激励的起点，而组织的目标构成了激励的牵引力量，是激励的终极指向。在需要和目标之间的过程就是管理者努力的空间，是需要管理者进行设计的一系列制度、方式、途径等过程性因素，这些因素通过满足被激励者的需要，进而引发被激励者的行为并实现目标。这里需要指出的是，管理者在学校管理实践中要具体分析被激励者到底需要什么；所要实现的目标是谁的目标，是组织的目标，还是教师个体的目标；两个目标之间的一致性如何；什么样的激励手段是适合的并且是最有效的。这些就要求管理者将对激励的理解具体化为管理实践中的激励机制和方式，进而形成实际的管理效果。

### 2. 激励的要素

在学校管理中有效实施激励的前提是对激励要素的完整理解。激励作为一种管理活动主要包括四个要素：需要、动机、行为、目标。在建立激励机制的过程中，管理者需要准确把握这四个要素的内涵及其相互之间的关系。

需要是激励的起点。一般认为，需要是由未满足的欲望、要求或由剥夺引起的人的内部紧张状态。由此可以发现，形成需要的两个前提条件：一是个体感到缺乏什么，有不足之感；二是个体期望得到什么，有求足之感。基于此，需要往往具备两个基本特征，即对象性和动力性。也就是说，需要总是指向特定的对象，而且为了得到期望的对象，会产生一种内在驱动力量。因此，在对教师进行激励的过程中，管理者首先要做的工作就是需求评估，了解教师真实的工作和生活状态，进而了解其真实的需要和追求。

动机是直接引发、推动和维持人的活动以实现某种目标的内在动因。动机产生于内在的需要。需要转化为动机是这样一个心理过程。当需要得不到满足时，有机体内部就会产生动机。动机作为一种信念和期望，总是指向一定目标并引发有指向性的行为。动机作为一种内在的驱动力量具有特定的功能，主要表现为始发功能、选择功能和维持功能。对教师进行激励需要充分发挥动机的功能，让教师在高层次动机的激励下能够明确自身的目标和方向，并且能够使其为目标的实现做出持久的努力。

行为是需要和动机的外在表现。人类行为具有自身的独特性，即目的性和可塑性。管理的目标总是通过管理对象的具体行为实现的，即有效行为实现有效管理。因此，利用行为的目的性和可塑性的特点就可以通过目标牵引和行为塑造等具体的管理方式实现既定的管理目标。此外，需要注意的是，虽然动机与行为关系密切，但是行为与动机之间并非一一对应关系，不同的动机有可能外显为同样的行为，而相同的动机有可能表现为不同的行为。这就需要学校管理者在具体的管理实践中善于把握动机与行为之间的关系，通过内在的引导矫正教师不当的动机，通过各种评价增强外在行为的有效性。

目标是人们内心的希冀，是行为所追求的结果，是与一定需要相联系的客观对象在主观上的超前反应。目标代表着个体对自我和生活的希望，是一种指向未来的重要的内在牵引力量。"伟大的目标产生伟大的激情"，人类通过目标调动自我的激情和积极性，去改变现有的状态，以达到一种更高的人生境界。但是，并非所有的目标都能产生积极的驱动力量，人们在选择和确定目标时，往往需要考虑多种因素，只有恰当的目标才能发挥最佳的牵引作用。人们在确定目标时会主要考虑目标的价值性、目标实现的可能性、目标实现的成本等，最终确立一个值得追求、愿意为之努力的目标。

激励的四个要素是管理者实施激励机制过程中需要综合考虑的因素，它们之间并非各自孤立或者是一种机械性的关系，而是一种相互影响，交错互动的复杂的关系。

### （二）教师激励机制

激励机制指的是由相互关联、相互作用的激励要素共同构成的一个整体，其通过一套理性化的制度来反映主体与激励客体相互作用的方式。学校管理中的教师激励就是旨在调动和激发教师工作热情和潜能，实现学校组织的价值目标的系统、动态的制度设计和安排，是将激励的各种要素整合起来，发挥整体效能的过程。教师激励机制的内容主要包括以下五个方面。

#### 1. 诱导因素集合

诱导因素是指能满足人们需要的、感兴趣的、能够引发其工作行为的、包括物质与精神的所有奖酬资源。学校组织中对教师的诱导因素是非常丰富的。例如，物质方面的因素包括工资、奖金、福利待遇、办公条件等；与教师个人

发展相关的因素包括晋升机会、工作成就感、培训进修、荣誉评价等；与工作本身有关的因素包括教学的价值、专业自主的实现、工作的丰富性和挑战性等；与学校组织氛围有关的因素包括上下级关系、同事关系、管理制度、沟通渠道、学校发展前景等。每一所学校具体的管理实践中影响教师工作积极性的诱导因素都不尽相同，有的学校可能主要是薪酬分配，而有的学校可能是人际关系。因此，在教师激励过程中，管理者需要通过调查分析进行诱导因素的筛选和提取以区分出积极的诱导因素和消极的诱导因素，改善挫伤教师工作积极性的不利因素，强化激发教师工作热情的有利因素，从而使教师激励过程更为清晰明确，也更加富有实效。

#### 2. 行为导向制度

行为导向制度是组织对其成员所期望的努力方向、行为方式和应遵循的价值观的设定。在学校组织中，由诱导因素诱发．教师行为可能在价值上是多元的，不一定都与组织的价值目标相一致，甚至可能与组织的目标背道而驰，这就需要组织确立主导的价值取向，对教师个体的价值实现发挥导向作用。管理学家巴纳德在论及组织目标和个人目标时曾言，对员工而言，组织目标是外在的、非个性的、客观的目标；而个人目标是内在的、个性化的、主观的目标。因而，每个人都会有组织人格和个人人格，这样的双重人格之间不可避免地存在矛盾。因此，学校管理者就需要确立学校的核心价值取向，并通过宣传、学习、榜样示范等多种方式实现教师对学校价值目标的接纳和认同，并在此基础上实现价值的观念内化和行为外显。教师个体对学校价值的认同具有持久的激励作用，这是由教师的身份特点决定的。因为作为"知识型员工"的教师更倾向于精神层面的激励因素的追求。

### 3. 行为幅度制度

行为幅度制度是指对由诱导因素所激发的行为在强度方面的调控。这种调控是通过改变一定的绩效与奖酬之间的关联性以及奖酬本身的价值来实现的。根据斯金纳的强化理论，按固定的比率和变化的比率来确定奖酬与绩效之间的关联性，会对人的行为带来不同的影响。因此，激励的过程应该是动态变化的而不是静止固化的。而且，激励者需要使激励的幅度与激励的效果之间维持一种科学合理的关系，否则会事与愿违。因此，在教师激励过程中，可以通过合理的制度安排将教师的努力调整到一定的范围内和恰当的水平上，以防止因薪酬过高出现成本太大，教师行为强度过大而失控的问题；也可以调控因奖酬太少，对行为推动不起作用而降低行为效率的现象。

### 4. 行为时空制度

行为时空制度是指奖酬制度在时间和空间方面的规定。这方面的规定包括特定的外在性奖酬与特定的绩效相关联的时间期限，以使教师明确与一定的工作相结合的空间范围与时间限制。建立这样的制度规范，可以防止工作目标的短期化，使期望行为前后具有一定的持续性，并在适当的空间中进行。

### 5. 行为归化制度

行为归化制度是指对教师进行学校组织同化，对违反行为制度规范或达不到要求者进行教育和处罚。组织同化是把所有成员纳入组织的一个系统过程，是通过规约和限制的层面建立组织秩序的过程，同时也是通过外在的约束培育成员的组织认同感和归属感的过程。

## （三）教师激励的主要方法

无论是激励理论还是激励机制都需要通过具体的激励方式和方法来实现。教师激励的方法从不同的角度可以分为不同的种类。每一种分类方法都是一种理解教师激励的方式，能够带给人不同的启发和思考。例如，按激励的内容分，可以分为物质激励和精神激励；按激励的主体分，可以分为领导激励、团队激励和自我激励；按激励的性质分，可以分为正激励和负激励；等等。下面，主要从教师管理实践的实用性和重要性的角度选择了几种常用的激励方法进行介绍。

### 1. 薪酬激励

薪酬激励是最基本、最常用的激励方式。然而，在实际运用过程中，由于不能处理好奖励与成绩、成绩与努力之间的关系，这一激励方法的效果却并不尽如人意。在很长一段时期内，我国教师的薪酬标准是根据教龄、职称、行政职位等外在标准制定的。个体教师的工作努力程度和工作业绩不能通过灵活的薪酬体系及时准确地反映出来，从而无法形成有效的激励。而在实施绩效工资之后，由于制度合理性性、资金保障性等问题的影响，也并没有达到预期激励效果。因此，一种激励方法能否达到理想的激励效果的关键并非方法本身的原因,而是方法背后的观念体系以及方法的具体实施过程。基于此,薪酬激励法的有效实施需要管理者从教师工作的实际出发,根据对教师工作实际状态的了解和评价实施公正合理的薪酬分配,尤其在学校层面的奖金以及福利的分配上,应让教师体验到工作付出的回报和对自身价值的认可,从而使其获得内在的认同感和积极心理体验,积蓄进一步努力工作的精神和情感力量。

### 2. 目标激励

在教师激励中,目标有两个:学校组织层面的目标和教师个体的目标。这两个目标如果内在一致就能够发挥最佳的激励作用。目标在本质上是一种能够牵引人的、令人向往的远景,使人对未来抱有希望,个体在不断自我超越实现目标的过程中能够感受到自我的价值和成长。一个充满活力的学校组织总是能够树立吸引其成员的发展目标,并且能够将组织的发展目标落实到每个教师的个体目标之中,通过激发教师个体实现自我目标,进而达成组织目标。这是一种最和谐的目标激励状态。这样状态的形成需要一些具体条件。

其一,目标的价值合理性。无论是学校组织目标还是个体目标都需要满足一个内核性的要求,即在价值上的正当合理性。在复杂的社会背景下,一些学校和教师的价值追求发生扭曲,所制定的发展目标违背了教育自身的价值追求和内在规律,这样的目标往往难以使教师形成内在的认同感,也就难以发挥激励作用。因此,制定一个值得追求的目标,一个在精神层面上能令人感到充实满足的目标是最基本也是最重要的。

其二,目标的现实合理性。能够发挥激励作用的目标一定是具有现实性的目标,是个体通过一定的努力可以实现的目标。很多时候,由于好大喜功或缺乏自我认知,一些学校往往会制定不切实际的目标,"遥远"的目标很容易被教师视为是与己无关的目标。因此,现实合理性、可操作、可实现性是目标发挥激励作用的一个前提条件。

其三,目标的具体明确性。学校往往因为找不到一个笼统的目标切入点而逃避和拖延去实现目标。因此,能够对教师产生激励作用的目标需要经过一系列具体化处理变得清晰明确、现实可行。目标的具体明确化,一方面,需要在任务上进行细分;另一方面,需要在时间上设置期限,设定明确的时间路线。这样的目标不再高不可攀,使学校无从下手,而时间上的终止期限也因为增加了学校的时间压力而形成一种督促的力量。

其四,目标的反馈及时性。在实现目标的过程中,人们需要不断地获得反馈性的信息,从而维持人们对达成目标的信心和对自己的信心。这种反馈既包括过程性的反馈,也包括结果性的反馈,尤其是目标的实现,更能够强化人们的行为。教育过程中隐性的、延迟性的教育效果往往因为不能及时显现得到认可而影响教师的工作积极性。在此过程中;领导者就需要对教师在过程中的努力以及达到的阶段性的效果给予及时的反馈和认可,激发其趋向最终目标实现的持久动力。

### 3. 领导激励

在我国集权化、官本位的传统管理文化中，领导者的个人魅力和工作方式能够产生不可低估的激励作用。正如孔子所言："其身正，不令而行；其身不正，虽令不从。"荀子也指出："君子至德，嘿然而喻，未施而亲，不怒而威。"领导者自身的道德修养和行为示范能够使教师在潜移默化中进行追随和效仿。比如，一个尽职尽责的领导者每天五点半到校与学生一起跑操，那么教师早起带早操就不会心生怨言。"身先士卒"的工作作风往往能够使教师心悦诚服地模仿。领导者自身的激励作用的存在提醒学校管理者要严格自我要求，要求教师做到的自己先做到，那么，就能够收到较为理想的管理效果。此外，领导者还可以通过为教师提供工作支持、情感沟通和荣誉奖励等具体的方式激励教师。

### 4. 工作激励

作为"知识型员工"的教师对工作本身的创造性、自主性、丰富性以及价值性等都是非常看重的，因此，源于工作本身的激励对于教师而言是一种更为内在和基础性的激励。工作激励作用的发挥需要一定的外在制度环境、评价机制的支持，需要学校管理者为教师理想工作状态的实现创造必要的条件。比如，一些学校实行的过度量化和烦琐的管理方式会抑制教师在工作中的自主性和创造性的发挥，而且会使教师的工作陷于事务性的琐碎中，削弱了工作本身的丰富性和价值性，这些都会使教师陷入一种被动应付的消极的工作状态。因此，对教师工作过程进行赋权增能，使教师有权力并且有能力驾驭自己的工作，创造性地实施工作过程和实现工作目标是非常重要的激励方式。工作激励发挥作用的另外一个影响因素就是学过和家长的认可。学生在教学过程中的积极配合，取得的优异学习成绩以及家长给予教师的尊重和感谢都会成为教师宝贵的精神财富，使其对自己的工作形成坚定的信念，从而产生持久的激励作用。

学校管理者要善于提供各种沟通的渠道和方式，使教师能够及时获得源自学生和家长的积极反馈，以消除彼此之间的隔阂和误解，为教师达到更大程度的自我实现创造有利条件。

## 三、教师评价

教师激励和教师评价具有密切的联系。教师评价往往是教师激励的具体实现措施。学校管理者可以通过评价方式和评价结果在管理中的运用，从而达到现实的激励效果。在学校管理中，教师评价是一个备受关注而又问题重重的管理课题。教师评价往往涉及每一个教师个体的切身利益和主观感受，涉及教师团队的人际关系和工作状态。因此管理者需要对此充分重视，谨慎选择和使用科学恰当的评价方式。

## （一）两种不同价值取向的教师评价制度

教师评价并非一个技术操作层面的问题，评价背后的价值取向以潜隐的方式渗透在评价的整个过程当中，影响着评价的性质和方向。因此，对于教师评价内在的价值取向的澄清和反思是管理者需要做的首要工作。教师评价的价值取向是要回答"为了什么而评价？""为了谁而评价？"的问题。也就是说，管理者要明确评价的终极目的，为评价的实施确立内在的价值导向。

在教师评价发展和完善的过程中，逐渐形成了两种不同价值取向的评价类型，即侧重于绩效管理的奖惩性教师评价和侧重于专业发展的发展性教师评价。

### 1. 奖惩性教师评价制度

奖惩性教师评价制度又称"绩效管理型教师评价制度"或"行政管理型教师评价制度"。这种评价制度形成、发展和盛行于教师评价的传统时期，即20世纪初至20世纪80年代中期。奖惩性教师评价制度以加强教师绩效管理为目的，根据对教师工作的评价结果，做出解聘、晋升、增加奖金福利等决定。也就是说教师评价的目的是进行行政管理决策，做出相应的等级浮动和利益分配。这种教师评价贯彻的是一种管理和控制教师的价值取向。这种内在的价值取向是与其所依据的理论假设密切相关的。管理者如何理解人和人性，决定了其对待人的方式和态度。奖惩性教师评价制度深受西方科学管理理论的影响。科学管理理论把人视作为追求最大经济利益而工作的"经济人"和被动工作的"机器人"。在"科学管理之父"泰勒看来，如果给予人正确的刺激，就可以把人作为机器使用，从而提高生产力。他甚至为人不像牛那样愚蠢而感到遗憾，他认为，如果人真能像牛那样愚蠢，就可以让他们俯首帖耳，按照他设计的标准动作来工作，那么工作效率会大大提高。由此可见，奖惩性评价所依据的理论假说忽视了人性中更为积极和高尚的部分，是一种在较低层次上展开的管理方式。

奖惩性评价制度一开始在教育领域的推广和实施与查尔斯·博比特的工作有关。他一直致力于在企业和学校之间建立一座桥梁，将广泛运用于企业的科学管理理论移植到学校管理中来。在他看来，学校可以通过运用科学管理理论和方法，培养出可以预见的更加完美的学生，为此就需要对教师实施奖惩性评价，以使其实施有效教学，从而确保教育目标的实现。然而，学校在本质上不同于企业，教师和学生的关系也并非"工人"和"原材料"的人与物的关系。

因此，对于企业管理评价方式的照搬的做法在实际管理中暴露出种种弊端和局限性。以绩效管理和行为控制为目的的奖惩性评价难以充分调动教师的工作积极性，反而比较容易引起教师的反感和抵制。解决这个问题的关键不是让教师接受评价，而是如何使教师评价成为一种有效制度。因为教师具有改善工作和促进专业发展的内在欲望。因而，教师评价需要一种更能激发教师内在的工作欲望和发展欲望的，更符合教育自身特质的，更具有建设意义的制度。

### 2. 发展性教师评价制度

发展性教师评价制度又称"专业发展性教师评价制度"。它始于20世纪80年代中期，首先出现在英美等国。这种教师评价制度是伴随教师专业化的发展而受到人们的关注和认可的。发展性教师评价制度以促进教师的专业发展为目的，在没有奖惩的条件下，通过实施教师评价，达到个人与组织共同发展的双赢结果。

发展性教师评价受到人际关系理论、需要层次理论以及双因素理论等管理理论的影响。因此，这些理论从"社会人"的角度出发理解人的本质，从人的潜能和价值的角度对人的发展报以积极乐观的态度，相信人的自我实现的内在驱动力量。

整体而言，发展性教师评价制度重视教师在学校发展中的主体性作用，认为教师是学校的第一要素，只有调动教师的积极性并促进教师的发展才能实现学校的变革和发展。因此，发展性教师评价强调"发展才是硬道理"，注重通过发展并在发展过程中解决教师管理问题。因为教师专业发展是学校发展的基础，具有最稳定、最持久的动力。此外，该制度基于对人的个体性的尊重，强调在评价中对个体差异的尊重，实施"差异评价"，鼓励教师以自己的方式和自己的能力取得进步和发展。可见，发展性教师评价具有浓厚的人本主义色彩，将评价过程转变成了一个具有鼓舞性的过程，并且构建了宽容、信任、民主、和谐的组织氛围。

### 3. 两种教师评价制度的比较

奖惩性教师评价与发展性教师评价作为两种不同价值取向的评价制度虽然区别明显，但并非泾渭分明。通过对两种评价制度进行比较，管理者可以更为清晰地把握其特点，从而在具体的教师评价过程中能够理性选择和运用，而通过对两者之间可能的联系进行分析，也可以使教师评价能够兼具两者的优点，使评价过程更具现实性和艺术性，以达到一种理想的评价效果。具体而言，可以从以下几个方面对两种评价制度的特点进行比较和分析。

其一，评价目的。奖惩性教师评价制度以加强绩效管理为目的，它主张高度集权，从严管理，依据教师评价的结果，对教师做出奖励或惩罚，从而提高管理效率；发展性教师评价以促进教师的专业发展为目的，主张适度分权、民主参与，通过教师评价促进教师个体的专业发展，为学校的发展奠定基础，在学校和教师的共同发展中提高办学质量。

其二，评价功能。奖惩性教师评价特别注重甄别与选拔功能，通过评价，筛选出少数优秀教师和不合格教师，予以相应的奖惩。在具体实施中，奖惩并举的评价模式演化为四种不同的变通形式："只奖不惩""奖多惩少""惩多奖少""只惩不奖"。发展性教师评价弱化甄别和选拔功能，强化促进全体教师发展的功能，通过对教师个体发展的引领和推动，实现教师与学校的共同发展。

其三，评价方向。奖惩性教师评价是一种面向过去的教师评价制度，特别关注教师在评价前是否达到了预设的工作目标，以便进行奖惩；发展性教师评价则指向未来，注重教师专业发展目标的实现。

其四，评价主体。奖惩性教师评价是由单元主体实现的，评价者通常由校长、教研员等上级领导或专家担任。这种评价存在评价信息较为片面、评价过程缺乏民主性、评价对象缺乏知情权和参与权等弊端。发展性评价较多使用多元评价，主张由专家、领导、同事、学生和学生家长以及评价对象自身共同担任评价者实施评价。主体多元的评价过程使评价信息更为全面、评价过程更为开放透明，也为评价对象提供了自我参与和反思的机会，因此，会对评价对象具有更大的内在的激励作用。

其五，评价关系。奖惩性评价是自上而下实施的，评价者与评价对象之间是一种支配者与被动接受者的关系。评价结果将作为对教师进行奖惩的依据，因此评价过程拒绝被评价者的介入，评价者与评价对象之间形成了一种戒备、防范甚至敌对的关系。这样，评价者与被评价者以及被评价者之间缺乏沟通和交流、理解和合作，评价结果也就难以得到教师的认同，甚至有可能形成对评价结果的反感和抵触。发展性教师评价则非常注重评价对象对评价结果的认同，要求使评价对象最大限度地接受评价结果，并使其自我总结和反思。评价目的与评价对象自身发展的内在统一以及评价过程的多元和开放，使得在发展性评价中，评价者与评价对象之间容易形成和建立一种彼此接纳、民主和谐的关系。

以上对两种评价制度的比较都是相对而言的。整体来看，两种评价制度都并非"十全十美"或"一无是处"，而是各有利弊的。奖惩性评价制度通过操作性较强的绩效管理，使优秀教师得到应有的奖励，不合格教师得到相应的惩罚，但是在不同程度上却忽视了教师的自我诊断和自我发展，忽视了教师的主体性作用；发展性教师评价促进了教师的专业发展，但是在一定程度上会削弱一些教师的危机意识、竞争意识和责任意识。因此，在实施教师评价的过程中，评价者需要合理利用这两种评价制度，充分发挥不同评价制度的优势，以达到理想的评价效果。

### （二）教师评价的主要方法

#### 1. 绩效考评法

绩效考评法是一种常用的教师评价的方法。绩效考评法是指学校在一定时期内，运用定性与定量的方法，对教师的工作结果和工作表现进行考核和评价的方法。一般而言，教师的绩效考评内容包括两个方面：教师的工作表现和工作结果。

绩效考评法的操作流程通常包括制订考评方案、确定考评周期、确定评价者、制定评价标准、选择考评方法、收集数据信息、开展考核评价、解析评价结果八个阶段。

在绩效考评法的操作流程中，具有关键意义的是，评价标准的制定。这里需要指出的是，评价标准有绝对评价标准和相对评价标准之分。绝对评价标准是以客观事实为依据，不以评价者的主观意志为转移的标准。这一标准主要用于对较易量化的教师工作结果的评价。相对评价标准是指相互比较的、较为抽象的、不易量化的评价标准，具有一定的模糊性、隐蔽性，需要经过观察和必要的推断才能得出结论。这一标准主要用于对难以客观量化的教师工作表现的评价。在实际的评价过程中，评价者需要根据教师工作的性质和特点科学合理地制定和使用评价标准，实施绩效考评。有学者基于实践提出了教师评价标准应具有的四个属性：阶梯性，以适应教师成长的阶段性；差异性，以适应不同学科教师的不同要求；多维性，以适应新课程对教师的多元化要求；模糊性，以适应教师教育工作的特殊性。"实践出真知"，教师评价标准应该伴随教育改革和教师队伍专业化发展的实际不断发展和完善，以求对教育和教师自身的发展发挥切实的作用。

### 2. 教学档案袋评价法

教学档案袋评价法要求教师建立自己的过程性、结果性和展示性教学档案，通过开放的多层面的评价，使教师充分感受自己的进步和成长，以提高教师的反思能力，促进教师的专业发展。教学档案袋评价法的主要意义在于：承认教学工作的复杂性；使教师获得主动参与评价过程的机会和权力；有利于促进评价者和评价对象之间的合作；促进教师的自我评价和反思，进而促进其专业成长；为教师申请奖项或晋升职称等提供依据。

教师档案袋评价法适用于教师专业发展的不同阶段。在具体使用该评价方法的过程中，评价者需要激发教师专业发展的内在需求，使其养成教学反思和交流的习惯，营造团体氛围。这样才能为教学档案袋法的有效实施提供主体性的条件。

### 3. 微格教学评价法

（1）微格教学评价法的内涵

微格教学评价法是指借鉴和采用微格教学的操作程序和方法，要求评价对象轮流上一段时间的课，以展示各自教学行为和教学技能，通过拍摄录像和重新播放录像，开展自我评价、同事互评和专家点评。微格教学法是在微格教学基础上演变而来的，是一种旨在促进教师教学技能和素质发展的评价方法，该方法具有规模小、省时、集中、直观、宽松、反馈及时等特点。

（2）微格教学评价法的步骤

微格教学评价法的实施一般包括六个步骤：设施准备、前期辅导、编制评价表、编写教案、教学录像、实施评价。在实施微格教学评价法的过程中，最核心的步骤是最后一步的实施评价。在最后一个环节中，首先由评价对象介绍自己的教学目标、教学手段、教学意图和步骤等。然后，运用快放、慢放、定格等方法，重播每一位评价对象的教学录像，彻底"曝光"评价对象所有的优点和缺点，同时采用评价对象自评、同事互评和专家点评相结合的办法，对评价对象的教学行为和教学技能进行评论和点拨。最后，填写教学评价表，给评价对象打分，并由专家根据评价反馈意见和评价结果提出建议，进行指导。

（3）微格教学评价法的优点

其一，微格教学评价法的评价指标较为集中。该评价法将复杂的教学过程分解成若干单项技能，如导入技能、讲解技能、提问技能、组织活动技能等，有针对性地确定评价指标，评价较为深入、细致。

其二，评价主体多元化。常规评价方法一般由领导和专家对教师进行评价，主体比较单一。微格教学评价法强调评价主体的多元化，采用自我评价、同事评价、专家点评相结合的方法，改变了评价对象一味被动接受评价的传统做法。而且，在评价过程中特别强调评价对象的主体作用，尊重每一位评价对象的个性，尽可能为每一位评价对象提供自我改进和发展的机会。

其三，评价反馈及时有效。微格教学评价法利用现场录像等技术，完整、准确地记录了评价对象的教学全过程，并通过录像回放等技术，把评价对象的教学过程分解成一系列具体、清晰的教学片段，使评价双方可以反复观看教学录像，从而减少了评价者的主观因素，提高了反馈意见的可信度以及评价对象对反馈意见的认可度。同时采用及时反馈和短时反馈方式，让评价对象及时获得具体、明确的反馈意见，从而提高评价的有效性和针对性。

### 4. 自我评价法

教师管理最终需要教师的自我管理，而教师自我评价正是教师自我管理的重要方面。自我评价法是指教师自己按照一定的评价标准对自己的工作进行评价，通过自我诊断和自我反思，实现自我激励和发展的评价方法。自我评价法既可以作为一项独立的评价方法，也可以作为其他评价方法的一个组成环节，可以发挥教师自我在评价中的主体作用。自我评价法的特点是容易操作、省时省力，能够调动教师的主体性，，促进教师的专业发展。

自我评价法在实施过程中主要有三种类型，即诊断性自我评价、形成性自我评价和终结性自我评价。这三种不同类型的评价方法对应于教师的工作时间分布。教师应在每一个学年的开学前使用诊断性自我评价，对照评价标准进行自我诊断，评估自己的优点和不足，明确自己的目标和努力方向。在每一个学年期间，教师应运用形成性自我评价对自我的工作过程进行跟进性评价，不断促使自己趋近于评价标准，同时不断进行自我调整，制订更优的自我改进方案。在每一个学年末，教师应实施终结性自我评价，对照评价标准，结合自己工作中的进步和成绩、经验和教训陆行评价和打分，在总结中明确自己的成长和不足，为新的评价周期的开始确立清晰的起点。

在实施教师自我评价的过程中需要注意两个问题。一是学校管理者需要对教师进行培训，以提升其自我评价的能力。由于教师自身在观念认识、专业能力等方面的局限，很多情况下对自我的评价可能不够专业和深入。因此，需要对教师进行必要的培训，让教师在专业发展的过程中实施自我评价，以反过来促进专业发展。二是教师在实施自我评价过程中应注意避免主观偏差的问题。主观偏差是一种客观存在，难以彻底消除，然而，教师可以通过制定较为客观的评价标准和操作性较强的实施程序在制度层面创造一种保障机制，从而最大限度地发扬自我评价法的优点 - 最大限度地弱化缺点。

## 四、教师的职业生涯发展与管理

教师管理的主要目标是促进教师的专业成长和专业发展，而这一目标的实现需要对教师整体的职业生涯进行管理。教师职业生涯发展理论是教师职业生涯管理的依据。教师的职业生涯管理需要调动教师个体自我的主体性。实施自我管理需要学校发挥组织优势，提供必要的条件和环境，以实现组织与个体的和谐互动。

传统的教师管理停留在对一时一事的管理上，学校组织和教师之间是一种具有对立意味的管理者与被管理者的关系。在这种关系中，管理是"为了学校"的管理，对教师个体的约束和评价是为了实现组织目标，个体的需要往往被忽视或得不到足够的重视，教师的自我发展往往在组织目标的遮蔽下无从实现。而教师职业生涯管理是为了实现人力资源的价值最大化而实施的管理，是为了教师一生的价值实现和幸福完满而实施的管理。这样"为了教师"的管理找到了管理最真实的起点以及个体和组织目标的最佳契合点。因为组织中每个个体的成长与发展必然会转化为组织的发展，两者的统一可以达到一种自然的和谐状态。因此，教师职业生涯管理对学校的管理和发展具有重要意义。

教师职业生涯管理的前提条件是对教师职业生涯及其发展的理解和认识。因为教师职业生涯管理的本质目的是促进教师职业生涯发展。

### （一）教师职业生涯发展

#### 1. 教师职业生涯发展内涵

生涯在最宽泛的意义上可以被理解为人的一生的存在历程，其中包括生活的轨迹、职业的变动等。教师职业生涯特指一种与职业相关的生命历程，是指选择了教师职业的人所经历的外在的时间过程和内在的心理历程。职业生涯的实质就是将自我的生命安放在一种职业上，使个体生命在这一职业上能够更加绚烂地绽放，实现自我独特的人生。这正是职业选择的意义所在，也是研究职业生涯的意义所在。因为虽然作为群体的教师可能在外在的时间历程，如教龄上会相同，但是其内在的体验和经历却具有强烈的个性色彩，各不相同。而教师管理的目的就是改善伴随时间进程的内在的职业发展和自我发展的问题，使每一位教师在这一职业中能够有更多积极体验和价值实现。

教师职业生涯发展是指教师的职业素质以及资格、职位等随时间轨迹而发生的变化过程及相应的自我职业心理体验变化和发展的历程。可见，教师的职业生涯发展包含两个维度：一是客观的时间维度，包括自然年龄和教龄等；二是主观的领域维度，包括职业观念、职业认同、专业知识、教学能力以及职业幸福感、倦怠感等职业心理体验等。教师职业发展可以从知识与技能的发展、自我理解和生态改变三个方面来理解。

此外，也可以从横向的角度剖析教师专业发展，其可分为"一般性的生活发展"和"特殊性的专业发展"。这是一个富有启发性的分析角度，使人们对教师职业生涯发展的理解更为全面，尤其是将完整的生活与职业放在人生的整体中进行理解和对待，解除工作与生活的对立关系，尤其是为了工作业绩而牺牲生活质量的不可持续的发展观念。"一般性生活发展"可具体分为六种"生活"与"职能"任务，分别为家庭生活、学习生活、人际生活、职业生活、休闲生活、社群生活。这种理论让人们意识到，"工作是生活的一部分，工作是为了更好的生活"，从而形成一种职业生涯发展的和谐状态。

### 2. 教师职业生涯发展理论

教师职业生涯发展理论是伴随人们对教师职业的理解和认识不断深入而逐步完善的。这是一个由现象到本质、由静态到动态、由一元到多元的发展过程。教师职业生涯发展理论对教师职业发展规律的揭示，能够使管理者更加科学理性地把握不同专业发展阶段教师的需要，了解不同阶段教师的职业发展制约因素等，从而能够更好地实现专业引领和组织支持。

（1）伯顿的教师生涯早期理论

伯顿主要研究了教师职业生涯早期阶段的特征并且提出了相应的策略。他的教师生涯早期理论的主要内容如下。

从教第一年为存活期。教师主要关注的是他们在班级控制的维持、学科的教学、教学技能的提高和教学内容的了解方面的适当性。在这一时期，教师会考虑是否坚持从事这个职业。

从教第二年到第四年为调整期。教师对教学有了进一步的了解，能够轻松处理学科问题，与学生的相处更加自然和真诚，更能满足学生的需求；但是在因材施教，满足每个孩子的个性化需要方面，仍感觉有压力。

从教五年后为成熟期。教师在教学活动中有了安全感，能更加游刃有余地处理教学事件，重视与学生的关系；但在学校规则和教育期盼等方面担心自己不能满足需要。

针对不同时期的压力和需求，伯顿还提出了相应的支持性条件，以帮助教师顺利完成每一阶段的发展。他认为，第一阶段的教师需要直接的监督，成熟的教师在与他们互动的过程中要直接现场演示和强化一些教学技能；第二阶段的教师需要合作性的监督，学校应以展现、辨析、倾听、问题解决和商讨的方式进行监督；第三阶段的教师需要间接的监督，教师应多倾听、鼓励、辨析和展现。

（2）富勒的关注阶段论

富勒对教师的教学关注进行了探究，提出了教师教学关注发展的四个阶段。

①任职前关注阶段。此阶段是师资养成时期，师范生仍在扮演学生角色，对于教师角色仅处于想象阶段，因为尚未有过教学经历，没有教学经验，所以只关注自己；而且，对于给他们上课的教师常常带有敌意。

②早期生存关注阶段。此阶段是师范毕业生初次实际接触教学工作，所关注的是作为教师的生存问题。所以，他们关注班级管理、教学内容以及指导者的评价，在此阶段的心理压力较大。

③教学情境关注阶段。在此阶段，教师所关注的是教学情境的限制和挫折以及对他们各种不同的教学要求，较为重视教学所需的知识、能力与技巧以及尽其所能地将自己的所学运用到教学情境中。此时，教师关注的是自己的教学表现而不是学生的学习。

④关注学生阶段。虽然许多教师在职前接受师范教育时就能表达对学生的学习、品德和情绪需求的关注，但却没有实际行动，因为他们不知道如何去做。只有当师范生真正成为教师后，他们才能从实际工作中学会如何克服困难和繁重的工作，开始真正地关注学生。他们要在能够应付自己的生存问题之后才能转向对学生的关注，继而对学生的需求做出恰当的回应。

富勒对于教学关注的研究对于教师的入职教育具有重要的启示意义。

（3）费斯勒的教师生涯循环论

美国学者费斯勒通过研究典型个案形成了独特的教师职业生涯理论。他的理论突破了对教师职业生涯发展的线性的理解。他认为，教师职业生涯发展的各个阶段与年龄和教龄之间没有必然的联系，而是与个人的生活环境、组织环境等密切相关。"教师既要应对个人环境的影响，又要反馈组织环境的影响，教师职业生涯很可能会经历高潮和低谷，从而在各个阶段来回转换"。因此，费斯勒为人们提供了对教师职业生涯更为完整的动态的理解。此外，费斯勒不但描述了教师职业生涯周期中各个阶段的特征，而且揭示了环境的影响以及个体的需求、激励措施和支持体系等，这些有价值的研究结论将为学校管理者提供重要的理论依据。

费斯勒将教师职业生涯分为职前期、职初期、能力建构期、热情与成长期、职业挫折期、职业稳定期、职业消退期和离岗期。

职前期是特定角色的准备阶段。新教师在这一阶段的重要成长需求是学习和应用新理论和尝试新的实践机会，希望与资深教师一起探究并得到指导和反馈，此时良好的工作前景和工资收入等都是重要的激励措施。需要指出的是，即使是资深教师在被调入新的学校后，也会进入职前期的阶段，需要进行职前培训，这是容易被忽视的。

职初期是新教师在学校组织中完成社会化的时期。在这一时期，教师为获得学生、同行以及领导和家长的接纳而努力，但在理想和现实发生冲突时，会出现某种幻灭。教师的成长需要主要表现为得到个别化的指导以获得更多的实践知识和智慧。此时，如果学校能给予其积极的反馈和认可，并且提供其校外学习机会将成为最有效的激励措施。

能力建构期可以被看作教师整个职业生涯的"专业化发源地"。在这一时期，教师会将教学视为挑战，会寻找新的教学方法并找机会观摩其他教师的教学，进而努力形成自我的教学风格。良好的工作环境、教学观摩的机会、与资深教师的合作以及通过额外工作获得额外收入是满足这一时期教师的需要，并激励其专业成长的主要措施。

处于热情与成长期的教师的教学能力已经到达较高水平。他们充满活力和热情，希望在专业上能够进一步发展。这是教师职业生涯中最为理想的阶段，教师热爱工作，渴望每天到学校，具有很高的工作满意度和高度的工作责任感。处在这一时期的教师希望获得进修和带薪休假的机会，得到各方面的赞扬和认可，具有更为灵活自主的工作时间，此时的教师产生了领导需求，希望获得指导教师或团队领导者的身份。如果能够满足教师这些成长需求，将会产生良好的激励效果。

职业挫折期是教师在教学中遭受挫折，工作满意度降低的时期，此时，教师会质疑自己的专业选择，进入一种危机期。职业倦怠是这一时期的典型特征，教师压力较大，逃避工作。这一时期的教师需要通过提高教学技能、探索新的职业发展路径以及获得专业化的咨询帮助等措施，平稳度过生涯发展的低谷。职业挫折期有可能出现在不同的教龄阶段，这一点需要引起管理者的注意。

职业稳定期是教师职业生涯发展的高原期。在此阶段，教师的专业发展停滞。教师在这一时期会产生懈怠消沉心态，行为方式较为封闭，不愿参加集体活动。处于这一阶段的教师希望获得更多的尊重，在协商式管理氛围中工作，获得带薪休假机会和更为宽松的工作时间。因此，组织需要增加专业援助和为其提供更多出任领导的机会，以激发其工作热情和自我发展的动力。

职业消退期是教师准备离开教学岗位的时期，教师的职业生涯体验可能是积极的也可能是消极的，并且教师需要面对未来生活的变化以及不确定性。处于这一时期的教师需要职业成就的认可、优厚的退休待遇以及参与学校管理和决策的机会。

职业离岗期是教师因退休或其他原因离开岗位的时期。需要注意的是，发生在职业消退期间的离职，有可能是因为裁员而引起的年轻教师的离职，也有可能是因年老教师到了退休年龄而出现的离职，这两种情况存在明显差别，需要区别对待。如果离岗是被迫的，教师会有受挫感并盼望职业的改变。而如果是

正常的退休离岗则有可能会因为自己长期的投入和有回报的职业生涯而感到满足。对于前者，管理者需要提供就业援助，而对于后者则可以提供机会使其在专业组织或其他团体中发挥余热。

准确把握每一时期教师生涯发展的特殊需要并且从组织和个人的多个角度进行激励和支持，能够促进教师职业生涯的持续发展，获得近乎完美的职业生涯体验。

## （二）教师职业生涯管理

### 1. 教师职业生涯管理内涵

教师职业生涯管理就是指学校组织根据自身发展的战略需要，有组织、有计划地开展促进教师职业生涯发展的一系列管理活动。教师职业生涯管理包括教师职业生涯设计、目标选择、路径设置、状态评估、信息反馈和行为改进等一系列综合性的活动和过程。教师职业生涯管理通过教师和学校组织的共同努力与合作，使每位教师的职业目标与组织发展目标一致，使教师的发展与学校的发展相吻合。

### 2. 教师职业生涯的自我管理

教师个体在自身的职业生涯发展中并非只是被动的角色。不同的人对于职业生活的期待和设计能够形成不同的职业生涯轨迹。因此，教师个体确立自我职业生涯管理的意识并且掌握相关的方法和策略，能够提升职业生活的质量，进而更充分地实现承载于职业之上的人生价值。

（1）教师个体在职业生涯管理中的主体地位

教师职业生涯发展是在个体与组织的互动中实现的，既需要个体的主动意识和自觉行动，也需要组织提供的环境氛围和支持援助。然而，内因是事物变化发展的最主要的动因。因此，教师个体要意识到自我在职业生涯发展中的主体地位，不被动适应环境，不盲目追随别人的背影。在对自我内在力量的激发和利用过程中，对自己的教师职业生涯担负起责任，进而使自我在组织和团队中发挥引领作用，促成自我和组织更为理想化的发展。

（2）教师个体职业生涯管理策略

教师对自我职业生涯的管理不仅需要主体性的意愿，还需要相关的策略和方法，使具体的生涯发展目标能够得到有效落实，从而推动职业生涯的发展。

教师自我职业生涯管理是从教师自我生涯规划开始的，生涯规划是教师个体对整个职业生涯的设想和谋划。其基本步骤包括以下几个。

一是自我分析与定位。古人云："知人者智，自知者明，自胜者强。"教师的生涯规划首先要基于对自我的认识和把握，进而实现对自我的完善和超越。自我剖析与定位就是对自己进行全面分析，正确认识、了解自己，准确地为自己定位。

首先，教师应对自我的整体性进行探索和定位，寻求自我作为个体的角色和价值，是回答其他问题的基础；其次，教师应对职业价值进行反思：这一职业能否承载自己的人生，能否带给自己想要的人生？这一问题是对职业性质的客观审问；再次，教师应对自身能力素质进行追问：自己能否胜任这一职业，能够在这一职业中游刃有余地发挥自己的特长和优势？这一问题是对自我胜任力的评估；复次，教师应对环境中的支持条件进行分析。自己的职业选择能否得到环境的支持？这些支持或者否定对自己意味着什么？这两个问题指向职业选择与发展的环境条件，是一种现实性的拷问；最后，教师应预想从事这一职业后的结果。这一职业究竟能够实现怎样的生命状态，能够把自己引向什么样的社会地位或专业地位？最终的结果是否是令自己无怨无悔的人生？在叩问内心的声音，反思自我和环境的过程中，职业生涯规划的核心问题能够得到较为清晰的梳理，从而为进一步的选择和实施明确方向。

二是发展机会评估。发展机会评估主要是分析内外环境因素为自己职业生涯发展所提供的可能性，以及这些可能性与自我职业定位之间的关系，进而确定自己的取舍。学校组织的相对封闭性、教师职位晋升空间的狭小性等都使得教师职业生涯中的选择机会较为稀缺。这就需要教师具有更为开阔的视野，除了关注组织内部的机会，还要善于寻找其他的专业发展机会，用内在的专业提升，确立自己的专业权利和专家身份，超越自身所在的学校组织而获得更大的发展空间和更多的实现价值的机会。

个体在组织中一般沿三个方向发展：纵向发展、横向发展和向核心部位发展。纵向发展是个人在组织内部沿垂直层级的阶梯向上发展，一般指向职位的晋升；横向发展是个人在组织的各种平级职能部门之间发展和变动，其发展的领域与个人的知识、技术和经验相关，通过不同职责部门之间的轮换所获得的经验最后往往会成为全面性管理的基础；向核心部位发展是指个人由组织外围逐步向组织内核方向变动，向核心部位的发展是个人在组织中的实质性地位和作用的体现，很多时候可能与职位无关，与个体的专业地位有关。因此，教师在进行自我生涯管理的过程中，一方面，需要评估外部的发展机会；另一方面，还要明确自己的发展方向和轨迹。

三是发展目标的确定。教师的职业生涯发展需要目标的牵引和具体路线规划的指引，因此，目标的确定是关键性的环节。发展目标选择和确定的过程就是教师确定自己的职业发展目标和发展方向的过程。教师在确定目标时需以自己的才能、性格、兴趣以及环境条件的支持等为依据。

教师的发展目标通常分为长期目标、中期目标和短期目标。长期目标的时间设定要适当，过长或过短都不能达到预期的效果，因此，时长一般以10年为宜。教师在确定长期目标时要具有发展的眼光和长远的眼光，并且要结合自己的专业发展阶段来进行。长期目标的制定往往不能一次完成，需要根据主客观条件的变化做适时的调整。教师在确定长期目标之后，要将长期目标分解为一个个短期目标，短期目标是长期目标和中期目标的阶段化和具体化，时长一般为1到3年。有效的短期目标具有以下特征：目标切实可行、清晰明确、符合学校实际和教师个人实际并且与长远目标相一致。这样的目标才能发挥激励和调动作用，一步步推动长远目标的实现。

四是职业目标的践行。没有行动的目标只能是空中楼阁。因此，对目标的具体执行和落实是保证职业生涯成功的实质性步骤。职业目标的践行是指为实现职业发展目标所制定和实施的各种措施。教师在践行职业生涯目标的过程中需要综合考虑个人与组织之间的关系，既要通过行动实现个体自我的发展目标，又要考虑自己的行动对于组织的价值和贡献。只有协调好两者的关系，才能实现一种整体和谐的发展。

在具体的行动过程中，教师需要贯彻"在行动中反思，在反思中行动"的原则，保证行动的方向和价值。教师需要考虑实现职业目标时需要什么知识和能力，及如何获得这些知识和能力；需要学校组织以及同事提供哪些指导和帮助；如何营造和谐融洽的人际关系；如何克服职业倦怠以及自我心理问题以保证对目标的持续的动力和追求。以上这些反思有助于教师自己更加理性地采取行动，从而有效达成职业目标。

五是调整与完善。教师的职业生涯并不会一帆风顺地线性发展，而是充满了变化和不确定性，包括教师自身的变化和外界环境的变化。因此，教师就需要根据情境的转变对职业生涯规划进行修正和完善。也就是说在实现职业生涯目标的过程中，教师个体需要根据实践的效果不断总结经验、教训，修正自我认知，调整职业生涯策略，以便更好地实现生涯发展目标。此时，教师需要具有一种开放的心态和积极的自我意识，克服职业倦怠等，超越自我的发展阶段，适应教育的变革和发展，在对内外部因素的主动调整和积极适应过程中，处于更为和谐的职业生涯发展状态。

### 3. 教师职业生涯的分阶段管理

（1）入职阶段管理

入职阶段管理的主要对象是新教师，主要任务是帮助他们顺利完成由"学生"到"教师"的角色转变，并且使其在教学和班级管理等方面克服困难，树立专业自信心。因此，入职阶段的管理主要是进行入职教育，以促进新教师顺利适应和成长。所谓的入职教育是一个专门为在学校工作一年以内的新教师提供系统性、支持性辅导为目的的有计划的过程。因此，入职教育的价值在于通过提供有针对性的培训和指导全面提升新教师的专业素质，进而减弱新教师的焦虑感和受挫感，有效缩短其社会化和组织化的过程，使其能够建立深刻的职业认同感，并满怀信心和憧憬地进入新的职业发展阶段。

在入职阶段，新教师的学习类型主要包括四种。

第一，定向性学习：包括学习的目的、学习的内容以及学习的对象等。

第二，了解性学习：包括对组织目标、价值感和相关政策的学习。

第三，社会性学习：包括对规范、角色的学习，以及对人际关系处理技巧技能性学习：包括对必要的教学技能以及班级管理技能的学习等。

第四，和方法的学习。

这些不同类型的学习可以增强新教师的自我认同感，以及对学校组织的认同感和归属感，从而使其顺利入职适应岗位。

通过不同方面的专业培训和学习，新教师入职教育需要达到一定的目标。新教师的入职教育应达到以下几个方面的目标。

①有效教学；

②发展有效解决问题的能力；

③留住有潜力的教师；

④确保专业社会化过程；

⑤提供心理支持；

⑥建立专业持续发展的良好基础。

就入职教育的方法而言，导师制或师徒制是一种行之有效的方法。通过聘请经验丰富的资深教师或专家教师担任新教师的导师，给予及时而富有针对性的指导，能够减少新教师自我摸索的时间和挫折体验，新教师其更加顺利有效地成长。

（2）能力建构期管理

能力建构期的教师正处于专业发展的重要的上升阶段，对于职业生涯充满了热情和期待，希望能够达到更高层次的发展阶段和更高的专业发展水平。因此，对这一阶段教师的管理最为重要的就是给予其强有力的发展助推力。这就要学校管理者重视采取适当有效的激励措施，如开展各种专业技能的评比或展示活动，使其能够更好地确认自己的素质和能力；及时提供物质和精神的奖励，对其在教学和班级管理中的进步和成绩给予认可；为其提供外出学习和交流的机会，开阔其专业发展视野，激发其更大的专业发展动力；等等。总之，恰如其分的认可和专业发展机会的提供是这一阶段教师最需要的。管理者需要做的就是维持其发展热情，推动其进一步的发展，为优秀教师的脱颖而出创造最佳的组织环境和支持系统。

（3）高原期管理

教师职业发展的高原期是一个危机阶段。所谓教师职业生涯高原是指教师在其职业生涯发展的某一阶段中出现的，由于缺少取得职业进步如晋升、流动等机会所引发的心理与行为状态。一旦教师遭遇职业生涯高原问题，就可能导致职业承诺动摇、职业情感萎缩、职业角色模糊与紊乱等后果。因此，对这一阶段教师的管理需要管理者的特别关注。

具体而言，对处于高原期的教师，管理者可以实施以下几种管理措施。

首先，提供必要的心理援助和咨询。处于高原期的教师往往职业倦怠感、压力感以及负面情绪等都比较强烈，因此，需要对其提供有针对性的心理咨询和疏导，帮助教师重新认识职业的价值和使命，重新建立内在的职业认同感和自我认同感。

其次，帮助教师确定新的职业发展目标。教师进入高原期的一个重要原因是发展目标的迷失，因此，从专业发展、职业晋升、荣誉追求等不同层面帮助教师寻找和发现新的奋斗目标，激发其新的斗志，是突破高原期的重要途径。

最后，实施柔性管理，进行情感激励。处于高原期的教师往往伴随着教学情感和组织情感的冷漠，因此，实施内含人文关怀的柔性管理，从情感方面给教师以温暖和关照，唤起其对于教学工作和学校组织的积极情感是非常重要的。此外，这一阶段的教师往往面临家庭、健康等各个方面的压力，通过具体的物质支持和制度设计帮助其解决实际问题也是帮助其产生积极情感的重要方法。

（4）离职阶段管理

处于离职或离岗阶段的教师进入了教师职业生涯的消退阶段。这时候，教师个人生活环境和状态的巨大变化将使其形成复杂的情绪和心理状态。此时，学校组织要做到以下几点，才能为其职业生涯画上完美的句号。

第一，运用各种不同的方式表达对即将离职的教师的尊重和认可。老教师在自己的工作岗位上付出了青春岁月，付出了热情和辛劳，在进入离退休年龄之后，特别需要外在的认可使其心理处于一种无怨无悔的平衡的状态。因此，学校组织、工会组织以及同事等要通过各种途径和方式，满足其渴望被认可的心理需求，如举行学生答谢会、退休仪式等。不让即将离开专业的教师感到孤独与绝望，是一个基本要求。过多的消极情绪会造成教师机能失调，也会导致他们教学绩效下降。所有与处于这个阶段的、与教师相关的人都必须协助学校以防止这种现象的发生。也就是说，学校组织以及同事团队都要努力使即将离职的教师感受到温暖而不是凄凉。

第二，解决教师的后顾之忧。处于离职阶段的教师的年龄、健康状况在变化。这会使他们对未来的生活顾虑重重。因此，组织需要通过提供养老保险、退休金等消除其对未来生活的忧虑感。

第三，为教师寻求发挥余热的机会。离职阶段的教师往往积累了丰富的教学和管理经验，如果健康状况允许，他们会有在新的专业组织或岗位上确认自身价值的强烈需求。因此，学校组织和相关专业组织应该积极为其寻求体现自身价值的平台，使老教师继续发光发热。

### 4. 教师职业生涯的分层管理

最有效的管理往往会向差别化和个性化发展。因此，学校对教师的管理应该突破"一刀切"的粗放型管理模式，应根据教师群体的差异特征进行分层管理，提升管理的针对性和实效性。根据教师专业发展积极性以及价值观、能力素质等方面的差别，分层管理主要包括以下几类教师的差异化管理。

（1）骨干教师管理

骨干教师是教师群体中的中坚力量，对于整个群体具有示范和引领的作用。因此，保护这部分教师的工作积极性，为其工作热情的释放和作用的发挥提供广阔的平台是学校管理者应该着重考虑的问题。骨干教师不缺少热情和能力，但是，他们需要公平的评价得到认可。由于很多学校的管理和评价存在一定弊端，骨干教师的付出和进步得不到及时的、相匹配的认可。这会使其积极性受到挫伤。因此，对骨干教师给予公平、公正的考核和认可是骨干教师管理的基本要求。此外，骨干教师往往比较注重管理者的理解和信任。如果在学校管理和重大决策过程中，能够充分重视骨干教师的意见和建议，实施民主、开放的管理模式，将会进一步激发骨干教师参与学校管理的热情，而这种热情也会投射到他们的本职工作中，形成一种良性循环的状态。另外，骨干教师往往具有比较强的求知欲和上进心，抓住适当的时机为其提供校外培训、进修以及进行学术交流的机会，会有助于实现其进一步的专业成长和自我定位。只有做好以上这些方面的工作，才能使骨干教师成为带动全体教师发展的"领头雁"，防止骨干教师的流失，使学校人力资源价值得到充分实现。

（2）中间层教师管理

"抓两头，带中间"是教师管理中的常见原则和模式，领导者往往会把主要精力放在对优秀教师和落后教师的管理上。重视对优秀教师的管理是为了用拔尖人才的工作业绩扩大学校的影响，而对落后教师的管理则是为了避免这些教师为学校的各项工作拖后腿。这样，处于中间层的教师往往会成为被学校管理者遗忘的对象。然而，就实际情况而言，无论是骨干教师还是落后教师一般都只占学校的五分之一左右，更多教师处于中间地带。这部分教师因为得不到必要的关注和积极的对待，得不到奖励也得不到督促，所以，往往处于一种比较松懈的工作状态，潜力得不到激发，能力得不到施展。因此，对于中间层教师的管理应该引起学校管理者的注意。学校管理者应通过为他们提供展示自我的机会、外出学习交流的机会等让他们受到激励，使从懈怠状态进入一种积极进取的状态，进而从"中间教师"成为"中坚教师"。

（3）后进教师管理

"先进"和"后进"都是相对而言的，后进教师只是在一定的阶段或情境下进入一种消沉状态而已。进取之心，人皆有之，每一位教师都希望在自己的职业中有所建树。但是，由于主客观原因的影响，其处于相对落后的状态。对于这些教师，学校管理者首先要理解他们的工作状态和处境，了解他们面临的问题和困难，了解产生目前这些问题的根源。在此基础上，管理者所要做的不应该是一味地批评和责怪，而首先应该做的是指导和帮助，指导其获得专业上的成长，帮助其解决个人生活中的困难，使其产生积极进取之心，并获得积极进取之力。因为后进教师往往有专业生活和个人生活中的受挫的经历，因此，一种关怀趋向的管理方式能够对其产生较好的激励效果。

后进教师中还包括一类个性比较强烈的"另类教师"，他们往往专业素质和能力都比较强，但是因为存在"愤世嫉俗"的人生态度而形成一种与主流观念相对立的行为方式或处世态度。对于这类教师，学校管理者一方面要给予其足够的精神上的尊重，保护他们在专业和学术领域中的独特个性；另一方面，要善于做较为深入的思想工作，从职业角色和价值取向上进行深入沟通和交流，使其重新建立教师的职业认同感和自我价值认同感，使其从更为积极的方面释放自己的能量，施展自己的才华。在具体的方面，学校管理者可以从发挥他们的特长入手，通过举办讲座、论坛、研讨会的方式，引导这些学识丰富、个性鲜明的教师展示自己的能力和才学，从而改变周围人对他们的认识也改变他们的自我认识。

# 第二节 学校学生工作管理

## 一、学校教育理念的转变

"创新教育"早已不是一个口号，而是我国教育教学领域已经实施和探索了很多年的一项重要发展目标。在探索的过程中，人们总是会碰到种种困难和阻力。开展创新教育的前提就是创新教育理念，实现思想上的根本超越。创新教育的最大阻力也许实际上来自校长、教师以及家长自身，主要是植根于他们大脑中的一些错误的思想观念。一切革新的行动，都首先取决于人的观念的转变。

### （一）突破束缚使学生拥有自由思维

在现实生活中，太多的习惯思维、求同思维在很大程度上左右了学生的思想，阻碍了学生的个性发展，当然也成了开展创新教育的重要思想障碍之一。归根结底，人们现在的教育在很大程度仍然是一种模式化的教育：模式化的学校、模式化的教育者、模式化的班级、模式化的内容、模式化的语言、模式化的方法。这样的模式化教育培养出来的只能是模式化的学生，这样的学生是不能适应多姿多彩的现实与未来世界的。

### （二）打破"单打一"的教育改革思路

创新教育作为素质教育的核心，正在全国范围内轰轰烈烈地开展着。但是，许多学校在未吃透创新教育的基本精神的情况下，就开始了一个又一个挂着创新教育招牌的教育改革与实验，结果创新教育就被异化成"速成化"的、"数量化"的、"口号化"的、"非人性化"的创新教育形式。除了取得一些用值得怀疑的数字表达出来的成绩以外，并没有真正提高学生的创新意识与创新能力。原因在于，一方面，许多开展创新教育的学校追求的是可以很快带来好处的，"高效率""可计算性""可预测性"和"可控制"的"麦当劳化"了的创新教育；另一方面，面对妨碍创新教育开展的学校小环境乃至社会大环境，只靠某些良好的愿望和冲动，不从根本上改革人们的教育体制是无济于事的。所以，我国应打破"单打一"的教育改革思路。

## （三）消除"囚徒困境"的思想顾虑

"囚徒困境"是社会学、法学、心理学中一个著名论例，这个论例对人们理解创新教育实施的难度有一定的启示。

目前在创新教育与应试教育的选择上，家长陷入了这样一种困境。其实，每位家长、每位教师都既希望自己的孩子能够升入好的学校，最终读大学，也希望自己的孩子各方面的素质发展都比较全面，但在其心底有一种担心，即担心别的学校搞应试教育，而自己孩子所在的学校搞创新教育的话，风险是非常大的，很怕得不偿失。因此，家长最关心的是自己的孩子如何在应试教育和素质教育（创新教育）之间寻找平衡点，说白了就是既关心孩子能否考上大学，又关心孩子的素质是否全面，这必然会对创新教育的开展造成了一定的障碍，而要克服这一点，必须从思想上消除"囚徒困境"的顾虑。

## （四）突破空虚的思想的束缚

在创新教育的实施过程中，"假、大、空"现象依然比较普遍。这种现象由来已久，近些年比较严重，创新教育的实践中存在着太多的形式主义，太假、太空。开展创新教育的关键并不在于强调它的重要性，而在于创造一种让人能够从实际出发的社会、政治环境。

## （五）正确理解教育

众所周知，教育是由"教"和"育"两个方面构成的。遗憾的是，无论是教师还是家长，其关注的更多的是"教"而忽视了"育"。其实，家长、教师的作用更在于"育"。而且对创新教育来说，"育"的方面尤为重要。它的功能就是培养和哺育，就是创设良好的氛围、环境，使创新的苗头能够越来越大，而不是被扼杀在摇篮中。

培养学生的创新意识必须发挥"育"的功能，即通过开放的课堂教学模式，通过提供最具创意的情境，诱导学生去思考来实现。教师和家长经常用"试一试""猜一猜"这些语言，可以激发学生的创造性思维，调动学生思维的积极性。学生在这种氛围中，往往会乐此不疲地探索，表现出自己的创造力。

## （六）摒弃不敢尝试的保守心态

中国人常常有求全责备的心理，凡事没有十分的把握是难以产生行动的勇气的，而由这种过于保守的心态所营造的文化氛围，又有意或无意地影响着学校的教师和学生。其实，创新及创新教育在很大程度上就是努力营造出一种使学生敢于尝试、勇于尝试、不断尝试、善于尝试的氛围。

## 二、校长了解学生思想的方法

了解学生思想，对于管理好学生和提高教育质量起着十分关键的作用。校长可通过以下来了解学生的思想。

### （一）细心观察

行为是思想的窗户，学生的心理活动都会通过行为表现出来。只要细心观察，就不难了解学生的思想，洞悉学生的内心活动。

### （二）真诚对话

校长应置身于学生中，主动去接受学生，以朋友的身份和学生促膝谈心。所以要以平等的姿态与学生进行心灵的沟通，用朴实的语言给学生以信任，做到要在不知不觉中摸清学生的性格、兴趣、爱好及家庭状况，进入他们的世界。

### （三）问卷调查

问卷调查是一次集中了解学生多方面情况的有效办法。校长平时可以进行问卷调查，每月、每学期也可以。对于那些不愿进行语言交流的学生可采取这种方式，然后综合分析了解学生的思想状况和不为人知的想法。但问卷调查有其局限性，不宜经常使用。

### （四）组织活动

学校可以有计划地组织一些文体活动，如演讲比赛、体育活动、野炊等，从活动中了解学生的兴趣爱好、组织能力、技能特长等。

### （五）文采展示

学校可以采用作文竞赛或者有奖征文等形式。同时学校可以依据当前存在的一些倾向让学生写作文，让习作成为学生放飞心灵的方式，而从中了解和掌握学生的世界观、方法论和学生的种种想法。

### （六）借助现代信息技术手段与学生进行交流

校长可以通过微信、QQ等渠道，以"朋友"的身份与学生进行心灵互动。

总之，学生在自身的成长过程中具有很强的个性和不稳定性，是很难被掌控的。虽说了解学生思想的方法很多，但校长在实施这些方法的过程中要注意形式应灵活多样。

## 三、校长研究学生的具体内容与方法

校长要做学生研究，就必然要面对这些问题：学生都在教师的班里，校长直接研究教师班里的学生，会给教师很大的压力，因为这是一种越级的行为，那么如何才能研究学生？如何抽出时间做学生研究？校长进行学生研究的任务是什么？等等。

### （一）研究学生的具体内容

与教师研究学生有所不同，校长研究学生的任务更具全局性，一般包含以下几项内容。

第一，研究本校学生的特点和发展需要。例如，对于一所地处城乡接合部的学校来说，可能这所学校的周边环境比较差，又因为学生多是流动人口和移民的子女。所以这所学校的学生可能直接需要的是干净整洁的环境和家庭的温暖。在这种情况下，学校可以考虑将共同建设"干净美丽的校园"和"家庭般温暖的校园"作为学校共同发展的重要目标。

第二，及时听取学生对学校管理的看法。例如，针对学校的食堂要涨价这一事，学校应赋予作为主要消费者的学生发言权，学校可以考虑举行"食堂涨价听证会"，以及时听取学生的反馈意见。

第三，研究不同班级学生的特点，进行班级教育的宏观调控。例如，当班级出现几次特殊的状况或者学生的总体情绪出现问题时，都应该予以关注。

第四，研究学生发展的阶段特征。在每个学段，学生的发展主要需要什么，排斥什么，如何安排课程，这些是校长的基础性研究任务。

### （二）校长研究学生的方法

校长研究学生的方法是灵活多样的，主要有以下方法。

#### 1. 将学生研究纳入常规听课工作

按规定，每位校长每学期都要听一定数量的课，通常是40节。但很多校长对这40节课的安排比较随意，因此往往失去了对教学的主动领导权。对此，笔者的建议如下。

第一，校长每个学期可以确定一个校本教研的主题，围绕这个主题听课；第二，有计划地听5—8位教师的课；第三在听某位教师课的时候，可以与这位教师一起研究1—2位学生，这样既帮助了教师，又使自己的学生研究行为不会越级。

#### 2. 针对特殊事件与教师共同了解学生

学生在校期间常会发生一些特殊事件，当教师在解决这些问题遇到困难的时候自然会想到领导，最终可能会将这些问题"上交"给校长解决。其实这对校长的教育能力是极大的挑战，却也是校长与教师共同了解学生和形成教育思想共识的难得机会。

### 3. 提供条件充分让学生展示自我

了解学生最好的方式，就是让学生主动说话，主动做事。只有让学生处于一种主动的状态时，才能真正了解学生。校长和教师首先要有包容、民主的心态，其次要为学生搭建各种平台，让学生充分地表达愿望和展示才能，让学校日常生活的各个环节都能够成为学生表现的平台。

### 4. 进行专项调研

校长在进行专项调研前应该有一定的计划。如果根据研究计划，有一些内容通过观察无法获得，可以采用调查问卷和访谈的方式。校长要研究本校学生的发展目标以及实现这些目标所有可能的措施。当然，这种全局性的学生研究不是校长一个人能够完成的，需要领导班子成员以及全体教师的共同努力。而学生研究是学校教育教学工作的基础工程之一，同时也将是一种发展趋势。因此，对于今天的校长来说，研究学生也将越来越重要。

## 四、学校心理健康教育

### （一）学校对于心理健康教育的错误认识

目前，就全国大多数省市而言，学校心理健康教育这项工作还处于起步阶段。心理健康教育在各地区发展很不平衡，尤其是小城镇及农村学校，其从学校领导的思想认识、师资水平到必要的条件都还难以适应开展心理健康教育的要求。虽然从总体上讲，大部分学校对心理健康教育是比较了解的，具备一定的心理健康教育知识。但也有相当数量的学校对此仍然存在着不同程度的误解，对学校心理健康教育的理解认识不够。主要有以下几种情况。

一是单一理解心理健康教育。目前有相当一部分学校心理健康教育工作的实施途径非常单一，仅仅把心理健康课作为一门学科课程来开设。而且因为是副课，心理健康课还经常被挤占，专任教师经常被调去做其他事情，无暇做本职工作，从而忽略心理健康课所带来的重要性。

二是认为心理健康教育只是一种形式，应试升学才是根本。有些学校虽然开设了心理健康课、委派或聘请了心理辅导教师、建立了心理咨询室等，可是教育者缺乏自身思想观念的转变和更新，对心理健康教育在现代教育中的重要作用认识不足、行动不力，这使心理健康教育流于形式，难以达到预期目标；甚至有的学校仅仅是为了应付检查、评比等活动才开设心理健康课的。

三是将心理健康教育和德育工作相混同。学校往往把学生的一些行为问题（如打架、偷盗、吸烟、喝酒等）只是简单地看作道德、品行问题，只是一味地对其进行思想教育，却很少认识到这可能是学生的心理问题而对其进行心理辅导。

四是有些学校对心理健康教育效果的特点认识不够。有的学校认为心理健康与学生成绩的好坏是无关的或不知道是否有关；或者只是将学生学业成绩的提高、行为和纪律的改善归功于任课教师或班主任的思想教育，而忽略甚至抹杀心理健康教育的作用。

五是从思想上不重视心理健康教育。有的学校认为对学生进行心理健康教育主要靠心理辅导教师，甚至有个别学校认为心理健康教育与其他任课教师根本无关，殊不知学校心理健康教育实际上应该是一个全体教师共同参与的系统工程。如果没有班主任、任课教师的参与，甚至没有家长的参与，心理健康教育只会流于形式、达不到预期效果而功亏一篑。

六是对于心理辅导教师工作量的问题认识不足。有些学校依据传统的工作量核定方法，只是简单地将心理辅导教师承担的心理健康课课时量作为其工作量。而对于心理辅导教师利用课余时间所做的个别咨询、心理健康校园广播或者心理辅导小报等工作，却并不将其计入工作量范围之内，年终考核也没有相应的政策来考核监督。甚至有些学校认为心理健康课没有考试压力、很轻松，往往还会额外指派心理辅导教师去做一些别的工作，这在很大程度上挫伤了心理辅导教师的工作积极性。

## （二）加强心理健康教育的方法

### 1. 建立学校心理健康教育工作的考核、评价方案和制度

学校不仅要对心理健康课程进行评价，还要将个别咨询、课外的团体辅导或讲座、校园广播、心理辅导小报等工作均纳入心理健康教师的工作量范围之内，并且用制度的形式加以固定。

### 2. 建立高效能的学校心理健康教育工作体制

校长要认真抓好学校心理健康教育的组织与协调工作。而分管德育的副校长应协助校长主持、领导心理健康教育工作，心理辅导教师应负责心理健康教育各项工作的实施和操作，各年级组长、班主任以及任课教师要积极配合或参与具体的活动，必要时需要教务处、行政办以及德育处等的协调和支持。

### 3. 校长把重心放在心理健康教育教师技能培训上

首先，学校要抓好专、兼职心理辅导教师的培训，不断提高他们的专业知识和能力。对专业素养还达不到要求的，决不能允许其上岗，然后，要抓好全体教师的普及培训。学校应使教师了解心理健康教育的意义、理论与方法，使其注意在各自的工作中自觉体现与渗透心理健康教育，并且使其注意保持自身的心理健康。

### 4. 增加心理健康教育的专项经费

学校要加强心理咨询（辅导）室的建设和满足专、兼职心理咨询（辅导）教师进

修的需要。

## 五、对学生进行科学化评价

科学的学生评价体系的构建是一项复杂的系统工程。在新课程改革的实验中，各地学校在学生评价体系的建设方面做出了种种有益的探索，现简要归结如下：

### （一）构建学生评价体系的内容要求

学校在评价体系的内容上应着重考虑以下几点要求。

①淡化分数与评比，重视发挥评价的激励、诊断和促进发展的功能；

②突出学生的主体地位，并且倡导多主体参与评价，让学生、同伴、家长等多种主体都参与学生的评价活动中；

③评价标准与内容应多元化，应关注情感态度价值观的评价；要有"多一把衡量的尺子，就会多出一批好学生"的观念；

⑤要十分注重对学生的学科共通能力（如搜集和处理信息的能力、获取新知识的能力、批判性思考的能力）的评价；

⑥要特别注意防止因对评价体系求全责备而形成束缚学生发展的新桎梏；

⑦在应包含学生学科学习状况评价表中，不仅应包含对学生掌握的知识与技能的情况的评价，还应包含对过程与方法、情感态度与价值观方面的课程目标在学生身上的落实情况的评价；

⑧对情感态度与价值观的内涵的理解上，做到不可将学生情感片面地理解为学习兴趣，将学生态度局限于学习态度。

### （二）突出评价的过程，关注学生的个体差异

教师应对学生在一个时间段内在某一领域的表现进行不断的评价和前后比较，借此判断学生在该领域的发展状况以及有待改进的问题，并明确学生进一步发展的方向；改变过去过分关注结果的观念与做法，做到重视学生学习与发展的过程，重视在教学过程中开展形成性评价，用作业、提问、观察、谈话等多种方式即时和动态地了解学生；将终结性评价与形成性评价结合起来，应依据学生平时学习情况的评价结果以及相关资料，而且要在学期评价或学年评价中对学生平时的学习情况进行客观的描述。

### （三）采用多种形式的评价

教师可以采用以下评价方式：测验，包括随堂测验、单元测验和阶段性测验等；成长记录袋；多样化的作业形式，除了传统的纸笔作业外，教师还可以布置口语交际作业、综合实践作业和实验操作作业，以评价学生在真实情景中实际表现能力。

## （四）评价实践中的注意事项

学校在学生评价的实践中需要注意的问题有以下几个。一是在开发多样化评价方法的过程中，注意处理好继承与发展、借鉴与创新的关系，不应为了创新而标新立异。在评价领域保持概念与话语体系上的统一，才会便于不同教师之间的沟通与合作。二是无论使用传统的评价方法，还是新兴的评价方法，教师都要关注通过这种方法所获取的信息的真实性与可靠性（评价的信度），要关注通过评价结果所做出的推论的准确性和有效性（评价的效度），关注评价是否真正起到了促进学生成长和教师发展的实际作用（评价的实效），以此来保证评价的科学性。三是在重视使用成长记录袋等新兴评价方式的同时，不要忽视传统评价方法（如观察、谈话、作业、测验等）的应用都要综合考虑评价的目的和内容、教师与学生的实际情况等多种因素，科学地选择评价方法。

# 六、限定学生纪律处分的方式和途径

近年来，社会公众对学生纪律处分问题关注较多有两方面的原因：一方面，公众法律意识、维权意识在逐渐增强；另一方面，有的学校在学生纪律处分方面确实存在较大的问题，而其中学生纪律处分程序的问题尤为突出。

由于国家法律法规及政策规章对有关学生纪律处分程序的规定存在一定的缺失，学校在开展具体工作时缺乏规范的指导。尤其是长期以来，不少学校常常忽视学生对学校管理工作的参与。而学校在做处分决定的过程缺乏透明度，事先也不给予学生申诉、申辩的权利。这样，一方面，可能纵容学校管理活动中权力滥用的行为，另一方面，使得学生的合法权益无法得到保障。

因此学校在纪律处分过程中要防止学校部分管理者滥用处分权力的行为发生，必须以一定的方式来限定学生纪律处分的方式和途径。

## （一）学生纪律处分的程序

不论学校纪律处分的具体程序存在哪些差异，但在实施过程中都应该充分尊重被处分学生应该具备的程序性权利，即知情权、申辩权、听证权。

围绕这三种权利，学生纪律处分的程序应该包括以下两个基本环节。

### 1. 告知和解释程序

由于多方面的原因，同样的违纪行为，导致的处分后果却可能存在很大的差别。而做出学生纪律处分决定常常只是学校单方面的管理行为，在此过程中缺乏违纪行为当事人及相关在场当事人的参与，处分决定的民主性很低，其公正性令人怀疑。

相反，如果在做出处分决定前，能及时告知违纪学生处分的原因和理由，给违纪学生解释自己的动机的机会，使其感到自己受到了尊重和公正的对待，即使最后的结果与其主观愿望不完全符合，也可以在一定程度上平息其不满情绪。

另外，在参与纪律处分的过程中，违纪学生还可以对纪律处分的相关规定有更加全面和正确的理解，只有这样才能够逐渐调整自己的立场和观点，发现自己的错误。只有这样，处分决定才能真正起到教育学生的作用。

#### 2. 听证程序

学生处分听证则是指学校在做出重大的、影响学生权利的处分决定之前，领导班子应当先听取当事学生的陈述、辩解，然后做出最终处分决定的一种程序。在学生纪律处分中引入听证程序是很有必要的，其价值体现在以下几个方面。

①听证是充分发挥纪律处分教育功能的有效形式。惩罚与教育相结合是学校纪律处分应当遵循的一条重要原则，而听证则是实现这一原则的有效形式。学校在做出纪律处分决定之前，公开举行听证会，不仅可以增强当事人的遵守纪律的意识和观念，使当事人了解什么样的行为构成违纪，什么情况下要承担违纪责任、受到惩罚，而且可以使参加旁听的其他人受到生动的教育，从而使纪律处分在更大范围内发挥其教育功能。

②听证会具有准司法的性质，采取的是两方对抗、主持人居中主持的结构模式，是保证学生纪律处分决定正确、合法的重要条件。而在听证会中，主持人听取控、辩双方的陈述，询问证人，控、辩双方可以对证人质证，并进行辩论。

③听证为违纪学生提供了了解相关事实、处分理由和依据，并为自己进行辩护的机会。这种做法不仅可以使违纪学生有了一个发表自己意见的恰当渠道，使其情绪得到宣泄，而且可以使违纪学生参与学校纪律处分的过程。

### （二）学校在行使学生处分权时应关注的问题

#### 1. 坚持以说服教育为主，以处罚为辅

根据教育部有关学生处分方式的规定，学校应本着以正面教育为主、处分制裁为辅的原则进行。因此，对违纪的学生，首先，应该告之以法，晓之以理，动之以情，导之以行，尽量用说服教育的方法给予其耐心的劝导，帮助其认识并改正错误，或给予批评其教育；其次，对极少应犯有严重错误或多次犯错又屡教不改的学生，经教育无效后再区别不同情况给予其适当处分。处分的目的仍是使教育到位而非单纯的制裁。它是学校为达到教育目的而采取的一种管理手段。

#### 2. 不可以越权

学校只能在法律规定的六种法定处分方式（包括警告、记过、记大过、留校察看、勒令退学、开除学籍）内选择对学生的处分方式。如果学校选择法定处分方式之外的方式，如体罚、殴打、限制人身自由、罚款、随意停课等，就侵犯了学生的合法权益。

这就是一种超越法定权限的违法行为。另外，学校应选择适当的处分方式。学校应根据学生违纪的性质、情节、后果等具体情况，选择恰当的法定处分方式，做到适用法律正确，处分适度，符合公正原则。

### 3. 不能违反法定程序

学校的处分行为只有严格按照法定程序进行，才能保证合法有效。根据教育部关于学生学籍管理的有关规定，学生的处分一般须先经校务会讨论通过后，再报教育行政部门批准或学校主管业务部门备案后才能生效。对于争议较大的处分决定，教育行政部门有权进行调查，并做出裁决。同时，学校应将学生的处分决定等有关材料存入学生档案，如果事后被处分学生（被勒令退学和开除学籍的学生除外）有显著进步，学校应撤销其处分。在撤销学生处分后，原则上学校可将有关材料从学生档案中撤出，并将之存入学校的文书档案。

### 4. 处分学生要重视搜集证据

许多学校在对学生进行行政处分时，往往忽视搜集证据，最终导致工作被动，造成不良影响。

在依法治校的今天，学校在各种民事活动中，尤其是在教育教学管理的过程中，一定要有自身防范意识，要注重证据的调查和搜集，以免工作陷入被动。

### 5. 关于学生处分的申诉制度问题

我国教育法规定，当受教育者对学校给予的处分不服时，有向有关部门提出申诉的权利，这是教育法赋予受教育者维护自身合法权益的一项民主权利。这就为维护受教育者的合法权益确立了非诉讼法律救济制度。但目前我国的学生处分申诉制度尚不完善，如学生处分申诉的受理机构、职权和职责范围、申诉程序、申诉处理等均未被规范，这些都有待于逐步建立和完善。

首先，教育行政机关工作人员和学校校长、教职工，应重视和加强教育法制的学习与培训，以增强法制观念，自觉尊重和维护学生的合法权益，不断提高依法行政和依法治校的能力与水平。

其次，尽快建立健全校内学生处分申诉制度。学生处分申诉受理机构主要处理学生因对学校的处分不服以及对学校、教职工侵犯学生合法权益而提出的申诉。为此，学校就应该依法明确校内申诉受理机构的职责范围、期限、程序、处理结果等。

如果学生对校内申诉受理机构做出的处理决定仍不服，还可依法向教育行政机关提出申诉，由其专门受理机构对学生的申诉做出处理。学生也可不经申诉而直接向人民法院依法提起诉讼。总之，学生既可运用行政渠道，也可运用司法渠道来达到维权的目的，从而这也将进一步加强和完善学校正确行使学生处分权的监督机制。

最后，学校应建立学生与校长沟通的平台。校长信箱是面向全校师生而在校园内设立的，这是校长与教师、学生、家长、社会沟通的"桥梁"之一。并且通过这个平台，全校师生可以对学校的教学、管理、后勤服务以及教师行为规范、教学质量、管理水平提出意见和建议。校长通过信箱里信件来了解学生、教师等反映的问题，并应及时采取有效措施，化解各种矛盾，也可以消除处于萌芽状态的问题，还可以研究并积极采纳师生合理化的意见和建议。

对于校长信箱的来信，校长可根据情况直接答复、公开答复或委托职能部门答复。这样校长信箱才能真正发挥收集信息、联系师生、推进工作作用。

实践告诉人们，校长信箱是一种有效的沟通形式，它在管理中的积极作用表现在：一是架起了师生之间心灵的桥梁，使教师更多地关爱学生，帮助学生解决思想中的困惑，克服生活上的困难，使学生热爱学习、热爱生活；二是使师生关系更加密切，在浓浓的人文关怀中，师生广泛交流情感，既体现了学生对教师的信赖，又体现了教师对学生的尊重；三是改善了学校管理，学校领导和教师根据学生需求和学校实际，不断地更新观念，为学生的全面发展提供更多的优质服务；四是减少一些不必要的麻烦，诸如学生在反映学校收费、教师教育方法等问题时，不用首先向媒体或有关部门反映，而向校长反映，这样就避免了媒体炒作，使校园保持清静；五是教给学生一种生活态度，当学生遇到思不明想不通的问题时，学生知道了如何去反映，如何寻求解决方法；六是增强广大学生的主人翁意识，使他们学会更深层次地关注学校发展，有利于进一步促进学校的健康发展。

总之，校长信箱是学校广开言路的一种重要形式。作为学校的发展离不开全校师生的支持。为了更好地及时了解广大师生的思想、学习、工作、生活状态及存在的问题，学校应当广开言路，加强沟通，请广大师生、学生家长等对学校的发展把脉建言，使学校工作更好地服务于广大教职工、广大同学、广大家长和学校的长远发展。

# 第三节 学校管理的创新研究

创新已成为当今时代的主旋律。创新已成为各行各业关注的焦点，同时也是我国面临的重要课题。学校应通过创新，为培养创新人才、提高民族创新能力打下坚实基础。学校管理创新是学校创新的重要内容，这是一项新的课题，有许多理论问题需要研究。

## 一、学校管理创新的必然性

在当今经济全球化的时代，我国要加速现代化建设，增强国际竞争能力，必须拥有大批的具有创新精神和能力的创新人才。而创新人才需要依靠教育来培养。然而，我国现时的教育观念、教育体制、教育结构、人才培养模式、教育内容和教育方法相对滞后。要有效地改变这种现状，就需要进行教育创新。应该看到，学校教育活动总是在一定的管理条件下和管理过程中进行的，教育的目标也只有依托学校管理的职能，发挥学校管理的作用才能实现。许多事实表明，现时学校的管理存在的许多弊端影响了学校教育创新，甚至成为开展教育创新活动的"瓶颈"。要改变这种情况，学校就要进行管理创新。

学校进行管理创新，也是对社会经济转型要求的回应。学校虽然与企业不同，但其办学资源的投入与运作同样也要受社会经济运行方式的影响。自改革开放以来，我国实行社会主义市场经济体制，强调通过市场来配置和调节社会生产资源，体现出自主、开放等特点。在这种经济运行方式的影响下，人们的社会生活、思想观点、价值观念都发生了很大的变化。这种经济运行方式对学校办学资源的筹措与运作也有很大影响。长期以来，在计划经济体制原则的规范下，学校工作强调权威、习惯于集中统一的管理。改革开放后，经济运行方式迅速转型，促使行政管理职能转变，学校落后的管理方式也发生改变，但与现时的要求仍然存在很大差距。要使学校管理产生根本性的转变，就不能拘泥于一些具体的改革，而是要进行全方位的管理创新。

## 二、学校管理创新是具体活动

创新就是要使生产要素和生产条件形成一种新组合。如引进新产品、应用新方法、开辟新市场、控制新原料、构建新组织。企业家的职能就是进行这种新组合活动。而这种新组合就是创新，这种新组合的活动就是实现创新。熊彼特从经济学的角度针对企业的经营管理而提出的创新理论，主要用于说明资本主义过程，解释资本主义的发展。它对管理本身的论述，对人们理解学校管理创新是有指导意义的。依据熊彼特的创新理论和学校实际，学校管理创新应该被理解为，它是学校为了培养创新人才而对管理进行的创造性变革，也就是指学校领导者在创新理念指导下，创造性地采用新的措施手段，对管理要素进行扩展更新和优化组合，以形成新的管理格局，产生新的管理效果，从而更好地培养创新人才的活动。这种活动的中心内容是在新的管理理念指导下，对管理要素即办学资源进行创造性的变革：增加资源的来源，提升资源的品质，优化资源的组合。这种活动的理想状态就是形成新的管理结构与模式，建立起一种新的管理函数，即明确新的管理措施方法与新的管理效果之间的关系，以指导构建新的管理机制。这种活动的价值追求就是提高管理效率，保障和促进创新人才的培养。这也是学校管理创新的评价标准。

学校管理创新是对学校管理的深刻变革。这是对现实的一种改革，但不是所有的改革都可以被称为创新。创新是人的创造活动，是创新能力和创新方式有机协调的过程。它独特新颖，个性鲜明。学校管理创新就是根据自身实际，运用具有独到见解的思路方法来变革学校管理。这种变革，或表现为前所未有的措施，或体现为使原有的具有新姿新意。无论在何种状况下，学校管理创新都是对理想管理境界的追求。学校管理创新活动所遭遇的困难较多、风险较大，因而具有突出的先进性、独特性和挑战性的特征。

学校管理创新并不是凭空进行的活动，而是对原有管理的扬弃和对卓越管理的不断追求。这一活动必然涉及创新与继承的关系。应该看到，创新作为对原有管理的扬弃，是辩证的而非简单的否定，其抛弃的是不合理的部分，保留的是合理的内容；以创新为名而否定一切是不正确的。同时要明确创新与规范的关系，创新与规范既对立又统一，创新必须以原有规范为基础，而创新活动总是体现为对现有规范的批判。有效的创新的结果往往会表现为一种新的规范的诞生。另外，还要明确创新与现实的关系。现实是创新的起点和基础，创新是现实的继续发展，是现实条件经过发展有可能达到的境界。重复现实不是创新，脱离现实易陷于盲动。这都是不可取的。

学校管理创新是创造性的管理活动，它是一个动态发展、与时俱进的过程。一所学校能够进行管理创新，表明这所学校富有朝气，富有旺盛的生命力。学校管理创新意义重大，它是学校实现管理现代化的希望所在，是学校获得持续发展的根本源泉。

## 三、学校管理创新的策略

学校管理创新的内容有很多，如管理观念创新、管理体制创新、管理制度创新，还有学校各项具体工作的创新。这些创新的实践活动，都是对未来的探索，不确定性的因素多，工作难度大。这些活动若能顺利开展并取得预期效果，就必须运用有效的策略。下面，介绍几种有效的策略。

### （一）开展"组织学习"，奠定坚实基础

创新是理性的行为，为一定的思想观念所指导。学校领导者进行管理创新的意图目标、策划设计无疑是十分关键的，但是只有把这些转化为全体成员的共识，才能使创新活动具有坚实的基础。在这方面，开展"组织学习"是有效的途径与方法。"组织学习"不是以集体形式进行的个人学习，而是一种合作式学习，旨在透过个人与个人之间的社会互动，在群体的层次上，积累知识，增进彼此之间的情感，提高个人与他人的协作交流能力。创新需要集体的合作。合作是组织学习的基础，为创新提供支持和保证。实践证明，一些学校组织的主题鲜明的教师论坛、生动活泼的教师沙龙以及形式多样的专题研究、专家论证等讨论会，由于活动参与自主、表达自由；环境宽松、地位平等，因而能有效发挥团队精神，激发成员的创造思维，使成员在互动互补中提高思想认识。

## （二）准确定位，明确创新活动方向

学校一切的创新，都是为了办好学校，为了提高办学质量，促进学生的发展。办什么样的学校，自然是学校进行管理创新时必须明确的问题。教育属服务产业，基础教育单位在性质作用上，与其他各级各类学校有所不同，但是在向社会提供教育服务这点上，却都是相同的。由于社区政治经济状况、文化传统的不同，学生家庭经济的不平衡，对教育期望值的不同，以及学生的个性存在的诸多差异，因此家长对教育的需求就有所不同，这已是一直存在的事实。突出表现为，家长要求孩子接受不同的优质教育，让孩子根据需要进入寄宿学校、双语学校、特长学校等不同的学校，于是择校之风盛行。长期以来，这种择校之风在遇到强有力的行政命令阻拦后，势头非但没有减退，反而愈演愈烈。这说明教育市场是客观存在的。另外，由于遗传、环境、教育背景不同，年龄段相同的学生表现出的个性也不一样。不同的学生需要适应自身发展的不同教育，应该是正常合理的事情。笔者认为，教育市场对教育需求的多样性和学生的差异性，给学校办学提供了广阔的空间，是学校管理创新的宝贵资源。学校进行管理创新，就要研究学校自身的条件和特点，明确自己的优势与不足；同时也要调查研究，在细分教育市场中找到自己的办学定位，创造性地采取一些产业性的办学操作，以提高办学的经济效益，有针对性地提供适合不同学生的教育。

## （三）开发潜能，增强创新中坚力量

开发人力资源，是创新活动得以顺利进行并能持续发展的关键，在组织开展管理创新工作中处于中心地位。教师是办学的中坚力量，因此，学校要重视教师，做好开发教师创新潜能工作，充分发挥教师的主体作用。首先，学校要树立正确的教师观，创设宽松的工作环境。在学校管理中，教师是被管理的客体，同时更是管理的主体。学校的一切措施办法实际上都是为教师教书育人提供条件的。因此，管理的实质是服务，领导与教师之间应是一种彼此合作的关系，由此产生和谐的气氛是构建宽松环境的根本条件。这对于诱发教师创新需求，激发教师创新热情是至关重要的。其次，要重视培养教师，提高其综合素质，这是提高其创新能力的基础。目前不少学校在这方面采取了新措施、新方法，例如，运用多种形式开展校本培训有效地提高了教师的水平，同时，也增进了教师与学校、与集体、与他人的关系。另外，还要十分重视教师激励，创造性地运用精神和物质激励因素，开启教师的智慧，发掘教师的创造潜能，激发教师的创新热情。总之，以创造性的方式方法做好教师工作，就能有效地增强学校管理的创新力量。在管理创新中，只重视校内力量是不够的，同时还必须重视开发校外的办学资源。学校所处的社区蕴藏着丰富的办学资源，特别是有各种专长的人才，可以说是个宝贵的人才库，需要被学校高度重视、认真开发。学校可以通过聘请顾问等各种方式，吸引有关专家参与学校的创新工作。其拥有的业务专长、前沿信息、社会经验、交往关系，都会给学校的创新工作做出贡献。学生家长可以说是学校教育的"顾客"，学校教育和管理的创新与他们的利益息息相关，学校应使他们处于学校管理的主体地位，以充分发挥他们在学校管理创新活动中的作用。

### （四）开展实验，提升创新活动品质

学校以往的管理改革多被视为行政行为，基本上是依靠行政指令来推行的。这种做法虽取得了一定成效，但是由于主要依靠的是外力的推动，教师与学生一般处于被动状态，甚至成为旁观者。因而这种做法虽有成效，但往往难以持久，更难使事物得到根本性的改变。管理创新是全新的改革活动，具有多变性和风险性，学校必须持积极、慎重的态度，针对管理创新的假设与设计，遵循应有的程序，采取实验的方法，进行理论与实践的探索和验证。自改革开放以来，不少学校纷纷开展了教育改革实验、教学改革实验、管理教育实验，取得了令人瞩目的成绩。实践证明，开展学校管理创新的科学实验，是提升创新活动品质、促进管理水平提高的有效方法，是学校管理科学化、现代化的必由之路。

### （五）提高素质，优化创新领导班子

学校领导人是管理创新活动的组织者、领导者、实践者。他们的素质状况和工作水平在活动中起着决定性的作用。因此，提高领导人素质，组织好领导班子是一项关键性工作，具有战略意义。学校管理创新是高水平的管理实践，需要领导人具有较高的综合素质。一位能有效地组织开展创新活动的学校领导人，除具有广博的知识、较强的能力、较好的作风外，最重要的是要具有现代教育观念和现代管理思想；要有经营意识，要依据服务产业的性质特点和学校的实际条件来办学；要具有实事求是的精神和科学的思想方法，特别是能运用发散思维方式，辩证地分析认识和处理问题；要具有较高的心理素质，意志坚定、不怕困难、善于控制情绪、善于与人合作、勇于承担责任、不贪功诿过。由于创新活动的需要，领导班子的成员要精干，专业搭配要合理，彼此能够合作，在校内具有较高威信。学校管理创新本身是探索未知的过程，学校要善于通过创新实践不断增长领导人才干，提高领导人的思想工作水平。

# 第七章　学校管理优化创新

## 第一节　学校管理模式优化策略

学校是一种特有的组织形式，而学校管理是以学校作为管理对象的一种社会活动形式，由管理者、管理手段、管理对象这些基本要素构成。学校管理就是管理者为了实现目标，开展各项管理活动所采取的各种方法、措施和途径。管理的方法得当，管理工作就会事半功倍。

学校管理的核心是提高个人及整体的效率，及时完成工作任务，这是包括教育、服务、管理在内的多方互动的过程。在管理过程中，人是最活跃、最积极的因素，只有在充分尊重人、理解人的基础上建立良好的激励机制，调动个人的主观能动性，挖掘人的潜能，将个人发展与学校发展紧密结合在一起，学校的各项工作才能协调。从目前的情况来看，很多学校注重量化管理，校领导运用管理企业的方法，细化各项考核标准，然后对教师的各项工作进行量化。虽然这种方式具有一定的合理性，但教师的职业是教书育人，是一项极具创造性的劳动，难以准确地量化工作。首先，对象不同。企业的劳动对象是事物或服务，教师的劳动对象是有思想、有感情的学生。其次，结果不同。企业的劳动结果具体可知，投入和产出可以准确量化计算，教师教学是传授知识、培养能力的精神活动，需要不同学科、不同学段的教师相互配合，甚至需要学校、家庭、社会、学生共同努力，这并不是某一个人能做到的。教师的责任感、专业技能、教学经验等，都影响着教学质量。

### 一、确立先进的办学思想

确立办学思想，并在此基础上进行突破与创新，这是校长在办学过程中不能回避的重大问题。办学理念是影响学校发展的重要因素，也是学校发展的方向和目标。

#### 1.抓住发展主线，提高教育教学质量

教学质量是学校发展的生命线。在当前教改形势下，必须转变学校教师的教学观

念，不断创新课堂教学方法。为深化新课改，学校可采取走出去、请进来的方式，鼓励教师加强学习，帮助教师从思想上和行动上走进新课程。在观念更新的基础上，学校应坚持科研引领策略，不断深化教学改革，开创课堂教学改革新局面，使学生动起来、课堂活起来、效果好起来。此外，学校还应结合自身特点，在某些课程上积累经验、重点突破，形成有自己特色的适教体系，深化课程改革，不断提高教学质量。

### 2. 强化管理手段，提高学校办学效益

团结奋进的领导集体是学校发展的奠基石。学校要切实抓好领导班子建设，强化班子队伍、中层干部建设。定期召开党支部会议、民主协商会、行政办公会和教学管理会等，通过系统的理论学习，培养和提高各级干部的政策水平、协调能力、决策能力和为学生服务的意识。通过加强队伍建设，提振精神，增强自身的使命感、责任感。学校应始终以依法办学、民主管理为指导思想，充分尊重教师的创新精神，保护教师的合法权益，调动教师的积极性和主动性，一切工作公平、公正、公开，使教师在轻松愉悦的环境中发挥自己的创造性才能。同时，学校可实行岗位目标责任制，将定性与定量相结合、过程与结果相结合，重点考查教师的德能勤绩，做到人尽其才、才尽其用，坚持正确的用人导向，重用想干事、能干事、能干成事的人，努力使教职工都成为勤奋学习、努力工作、作风正派的人。

## 二、注重教师的专业发展

师资队伍建设是学校管理中的重要工程，也是学校管理的重头戏。在明确目标、形成机制、落实措施的基础上进行探索，有利于学校师资队伍建设。

### 1. 制订量化标准

在现代管理理念中，量化评价已深入人心，通过具体的数据来评价工作效果，表面上看既公正，又科学，实则伤害了评价对象的积极性，因为规章制度并不能全面反映个体工作的全部。以教师工作为例，学校优秀教师评选、职称评定、岗位晋级、工作绩效都由教学质量来决定，学生的考试成绩、升学率也成了评价教学质量的标准，这很容易给教师造成巨大的心理压力。在这样的状态下从事教学工作，效率自然不高，久而久之会形成恶性循环。教师是有思想感情的个体，用具体的计算标准来衡量，弊端明显，也会严重打击教师工作的积极性。反之，如果没有评价标准，对教学工作没有具体要求，势必造成懈怠现象。在这种矛盾之下，管理者可以在严格的规章制度、评价标准之下融入情感因素，做到宽严相济、以人为本。另外，为加强教师队伍建设，使学校各项工作扎实、有效地推进，学校可结合自身实际，征求教师意见，广泛听取、接纳教师对学校管理的意见、建议，还可制订教师的岗位职责、行为准则，并给出具体的评价标准和内容，为检查、评比提供依据。教师可以对照工作职责和行为准则进

行自检，由被动管理变成自觉行为，以形成管理自觉化。

**2. 实施"老带新"工程，为学校补充新鲜"血液"**

学校应将青年教师的培训作为重点工作来抓，实施"老带新""传帮带"工程，把培训、教研、教学融为一体，使教师队伍结构更合理、合适。同时，学校还可针对青年教师开展五年职业生涯规划：第一年与年长教师结对子，请年长教师进行全方位的指导，争取尽快熟悉教学工作；第二年压担子，鼓励青年教师大胆执教，争取独立开展教学工作；第三年指路子，鼓励青年教师不断总结经验、反思教学行为，形成自己的特色；第四年搭台子，为青年教师提供展示才能的平台，使其主动作为、积极作为；第五年拔尖子，鼓励青年教师走出学校，与同行展开深入对话，开展各种教学交流活动，使他们干一行爱一行，将教书育人作为毕生的事业。

**3. 深入开展教科研活动，努力提升教师专业技能。**

教师不仅要具备高超的教学技能，还要具备良好的科研能力，而教科研意识薄弱是当前很多学校的短板。对此，学校可采取行之有效的措施，以点带面、分步推进，首先挑选出有能力、有担当、有责任感的骨干教师组成小组。让学科带头人担任组长，通过建立组织、安排人员、指定时间，促使教科研活动有效开展，使每个小组成员都有适合自己的研究方向，坚持每月至少开展两次集中学习，总结经验、探讨问题，学期末再进行总结。

**4. 办好"名师"工程，激励教师争优创先。**

名校出名师，名师来自名校，名校与名师是相辅相成、互相促进的。学校应将"名师"培养作为教师队伍建设的重中之重，要求每个学科的骨干教师都有明确的努力目标，如练就一流基本功、掌握一种教育理论、具备一项特长、形成一种独特的教学风格、总结一套好经验等，围绕教学技能的提高、教学理论的钻研，练就扎实的基本功，争当学科带头人，争做科研名师。

总之，学校要认真研究教师队伍建设的方式方法，鼓励教师参与学校管理，只有建设一流的教师队伍、争创一流的教学管理，才能办一流的学校。学校应以此为目标，坚持长期探索，做新时代教育改革的践行者。

# 第二节 优化学校内部管理，提升学校办学质量

## 一、发扬传统，注重德育工作

现如今，教师缺乏的是执着追求，缺失的是读书相伴，缺憾的是教育智慧；学生缺少的是学习志趣，缺乏的是德性能量，缺失的是自信定力，缺憾的是创造活力。也就是说，师生的精神系统出现了失调。因此，搞好教育的前提必须是教育与生命精神的对接，而"教人求真、学做真人"是教育成功与否的关键所在。

人无德则不立，生命灵慧则饱满。教育最不能缺失的是以德化人，激扬生命灵慧。我们教育的短板就是德育工作的不足。关于德育，我们的祖先已经做到了极致，大学之道，在明明德，内圣才能外王，治理内环境才是根本。老子说："恒德不离，复归婴儿；德乃足，复归于朴；德不忒，复归于无极"。只有德性能量足，生命才能纯真、诚善、圆融。为此，学校秉承"求知、追真、扬善、尚美"的校训，提出"五德文化进校园，圣贤思想进班级"的理念，营造"立德树人，经典育人"的浓厚德育氛围，努力形成自己的办学品牌。

## 二、国学经典进课堂，开启人生智慧

多年来，我们沉溺于学生知识的积累，而忽略了学生慧性的培育和道德的提升。虽有一批批学生以高分升入高一级学校，但创造力平平，人格庸庸。这是教育的悲哀，生命的悲哀。我们不禁要反思，怎样搞教育才是出路？其实，我们追溯中华民族的历史，不难发现，我们的祖先有着最优秀的教育方法，那就是经典诵读。为此，开设了经典诵读课，还开辟了全校性的经典通读社团活动。课堂上，不仅关注学生知识的积淀，更关注学生慧识的开启、德行的养成。短短半年，效果显著，对学生各方面的发展都有很大的帮助。

## 三、圣贤思想进班级，打造班级文化

为了让学校 20 个班集体既有个性，又有共性的发展，学校统一将 20 个班级以古代圣贤命名，统一把圣贤的思想、品格、所为、追求提炼为班训，以古代圣贤的名言作为学生修德修心的标准，从圣贤思想中挖掘精神元素，让圣贤经典养护学生的精神世界，不断筑造学生的精神高地。比如，老子班的班训是"大德，智慧"，这就要求

全班同学必须以此为指向,以此为标准,对学生的践行成果在班级名片中及时评价,并配有影集一本,随时留下学生精彩表现的足迹。班级教育始终聚焦圣人老子,与老子对话,聆听老子教诲,汲取老子智慧营养,使班级管理有指向、有高度、有凝聚、有抓手,学生的行为习惯、理想目标、处事风格已有新面貌、新想法、新作为、新变化。

## 四、重塑校园文化,引领师生成长

校园文化是一所学校立足和发展的精气神,文化对师生心灵的熏陶有着不可估量的作用。为了全面贯彻习近平总书记"不忘初心、牢记使命"主题教育思想,学校在教学楼前方布置了专版,正面为社会主义核心价值观(富强、民主、文明、和谐、自由、平等、公正、法制、爱国、敬业、诚信、友善),背面提出了老师的初心(吐丝有意、甘做人梯、培育英才),老师的使命(呕心沥血、凝神聚智、造福桑梓)。门厅正上方张贴党的教育方针,时刻鞭策师生的工作和学习。大厅中央设置屏风,正面和背面分别雕刻《大学》和《弟子规》,下方雕刻"自强不息"和"厚德载物"字样,以此来昭示师生如何做人,如何做事,如何教书育人,如何求学成才。

学校的办学特色是"以德化人"。为了把"以德化人"落到实处,教学楼从一楼到五楼分别从"仁、义、礼、智、信、忠、孝、俭、恕、勇"十个方面挖掘德育内涵,布置教学楼走廊,闲暇之余,师生驻足观看,或诵读、或切磋,很好地营造了"以德化人,优秀传统文化育人"的浓厚德育氛围。

经历一段时间的实践,我们惊喜地发现:学生的变化太大了,同学之间宽容、谦让;师生之间友爱、亲和;校园内干净整洁;课堂上精彩不断。国学经典已在学生的生命深层扎根、发芽!师生的道德修养不断提升。当然,我们在这些方面做得还不够尽善尽美,还需要我们齐心协力,发奋工作。我们坚信,只要我们在自己特色的道路上坚定地走下去,必将迎来美好的明天。

# 第三节 智慧学校和教学管理优化

教育部2018年4月印发了《教育信息化2.0行动计划》,"智慧教育创新发展行动"是其中重要的实施行动之一,而智慧校园的建设与智能学习体系的建设应用则是落实此行动的具体举措。这一举措顺应了当前社会发展态势,对科学有效地开展学校教育教学管理、提升整体教学水平具有重要意义。本文以芜湖市田家炳实验中学打造智慧学校示范校的实践为例,从智慧校园基本建设及其所需的技术支撑入手,重点介绍云计算和物联网技术下智慧校园的建设要素及应用情况,同时也提出一些智慧校园应用与研究的发展设想，以期为将来进一步打造智慧校园，提升其"智慧"管理和服务水平提供现实指导。

当今，移动互联网技术在改变人类日常生活习惯的同时，也给我国传统教育模式带来了极大的影响。从黑板到白板，从粉笔到控笔，从板书到课件，从常规课到微课，从传统的"一言堂"到翻转课堂，直到如今连教学和学校管理也实现了精准化和智慧化。从2010年7月开始，教育部先后颁布了《国家中长期教育改革和发展规划纲要（2010—2020年）》《教育信息化十年发展规划（2011—2020年）》《教育信息化2.0行动计划》等文件。《教育信息化2.0行动计划》是顺应智能环境下教育发展趋势的必然选择，是推进"互联网+教育"的具体实施计划，它标志着信息技术与教育深度融合的时代到来了。"互联网+教育"能进一步突破时空，满足学生随时随地学习的需求；而云计算、大数据背景下的学情分析等新一代技术的出现也会使数据处理更加智能化，学生学习更加个性化、适配化，学校的管理更加智慧化。

## 一、智慧校园网络和相关平台软硬件环境建设

智慧校园是以物联网为基础，以人工智能为核心而构建的校园工作、学习和生活一体化环境。它以硬件设备和各种应用服务系统为载体，将教学、科研、校园管理和校园生活进行了充分融合。因此，若要打造智慧学校，网络的支撑保障及相关平台的软硬件环境搭建非常重要。

### （一）智慧校园网络环境建设

随着教育信息化的推进，班班通项目、数字化办公成为校园常态，学生电脑、办公电脑和网络设备激增，校园网络带宽由150 Mb升级到300 Mb。各教室均配备班班通设备，实现了因特网连接。2018年1月，安徽省教育厅选定了全省首批38所中小学智慧学校示范校，芜湖市田家炳实验中学入选。为了打造更好的未来教育环境，智慧化学习生态校园的建设，经过重新规划，设计了合理的校园网络拓扑和创建云平台，增加网络总带宽，以千兆光纤接入各楼宇的汇聚点，校内"一卡通"系统顺利通过网络安全等级保护二级测评，门禁、电子班牌和11套互动课堂设备安装到位，"校信"系统启用，基本完成了智慧校园的一期建设。

此外，网络线路整体优化、设备升级，以及下一代防火墙、入侵检测和上网行为管理等网络安全设备为智慧校园的正常运作提供了可靠保障。

### （二）智慧课堂环境的建设

2017年以前学校主要是通过K6KT网站进行翻转课堂教学，在多媒体教室利用56台iPad和无线路由器搭建了网络教学环境。课前、课后学生登陆K6KT网站下载

学习资源、上传完成的进阶习题；而课中，师生必须同时通过无线路由器将 iPad 连接外网，登陆 K6KT 网站参与教学。但短时间网站访问量过大或校园网络拥堵等问题常常导致登陆失败，连基本的正常授课都不能保证。另外，网络下载、上传速度慢，数据处理反馈不够及时，教师不能有针对性地调整上课内容、处理课堂生成，智能化水平较低。

自 2018 年开始，学校每年在高一年级开设两个 iPad 信息班，如今已有 8 个班级，均设于教学楼中的普通教室。另外 3 个录播教室也各搭建了 1 套系统，供非信息班共享。其具体表现为学生 iPad 和教师 iPad 通过安装相应的软件，与班级内配置的微云服务器构成 SPT（S-student，P-Pad，T-teacher）样式的智慧课堂。课上，班级"微云"将学生端和教师端连接在一个局域网内，实现内网课堂管理，这一点类似于网络机房使用的电子教室软件，但其功能更为强大——截图、拍照、直播、课堂练习、抢答和及时统计反馈学生客观题答题情况等，甚至对主观题作业也能进行一系列处理，如教师可直接在 Pad 中批改、修正、定点反馈、展示对比学生作业等，有效支持了智慧课堂教与学和精准反馈。当小组讨论时，因为是移动设备，所以也方便随机调整班级座位，更加灵活。而课下，教师则可以通过互联网给学生布置作业，方便学生交流讨论。

### （三）校园智慧环境的综合建设

校园智慧环境的搭建主要是为了实现智慧校园智慧化管理和智慧化生活与教学。

首先，校内每间教室和功能室门前增添了电子班牌，在楼宇中增加了电子大屏，管理员通过后台分层、分组推送相关政策、制度和校园新闻等，扩大了校园的宣传阵地，使电子文化与时俱进，随处可见。

其次，"一卡通"软硬件系统在大门、寝室、食堂、教室等定点安装到位。通过不断调试，我们逐步实现了后勤数据的智慧收集和处理，具备校园内一卡消费、洗澡、入寝室楼、入校、走班签到以及管理员对门禁远程管理等功能。同时为了保证数据安全和系统的运行通畅，我们将服务器安放在校内网络中心，并申报和顺利通过了网络安全等级保护二级测评。这些使得学校生活更智能化，管理更精细化、信息化。

最后，将智慧办公和员工管理融合在一起，利用"校信"云平台更好地实现校园管理。

## 二、智慧校园建设成效与反思

### （一）智慧课堂研究深入，教学成果显著

智慧课堂是以"互联网+"的思维方式将大数据、云计算、移动互联网等新一代信息技术融入课前、课中、课后的全过程教学，目的是构建个性化、智能化、数字化

的高效课堂学习环境，从而提高教育教学成效。

从2015年的翻转课堂初次尝试到今天的智慧课堂教学，芜湖田中人一直在边学习、边摸索中前行。学校根据文理科的特点，各科教研组组织了多次有关iPad使用和利用智慧课堂教学的培训。因此，一线教师更新了观念，通过不断探究和实践，提升了教师课堂流程设计和使用信息技术的专业度，努力做到不摆花架子，真正利用必要的技术去改善学生学习，辅助学生的自学、复习巩固和评价。各学科教学在信息化创新比赛中都取得了显著的成绩，屡获国家级、省级奖项。各年级的信息班教学也显见成效，学生成绩和学习能力均有所提升。我们形成了一定的智慧教学模式：课前微课、进阶练习引导预习；课中互动课堂平台构建教学流程，促进学生交流和巩固练习；课下交流课堂生态资源，学生巩固反馈。其优势在于：激发学生学习兴趣，提高课前预习效率；分组讨论和数据反馈，促进了师生、生生互助；互动和展示体现了学生主体性，活跃了课堂氛围。

不同的学科组又根据自身特性，对这种模式进行再加工，如信息技术学科组结合学科"上机实验"的特性，尝试将网络机房和互动课堂进行了有效结合，即利用微云服务器方便移动和调整网段的特点，在机房架设互动课堂的微云服务器——用于作业发送、数据回收处理以及反馈，完善原有的网络电子教室对学生机的管控功能。而生物、物理、化学各学科组也结合各自学科的"实验"特性，进行了一系列新形式的融合和创新。

当下，我们也有了新的困惑——如何才能更好地利用最新的技术突破既有模式，使学生合理使用iPad和智慧教学软件，实现教育效益最优？

### （二）智慧文化弘扬正能量，促进民族文化融合

学校怎样融合不同民族的文化，宣传国家政策、制度，宣传社会正能量和身边的"真、善、美"，是我们常抓不懈的工作。现在我们可以通过楼宇中的电子大屏、班级门外的电子班牌这些新的宣传阵地，促进种族文化更好地交流。

### （三）智慧生活与智慧管理初见成效，有待进一步完善

在智慧校园一期实施方案中，我们主要针对有关智慧生活和智慧管理的两个软硬件系统展开建设，即"一卡通系统"和"校信"系统。校园一卡通系统主要包括门禁、消费、签到管理等子系统。而"校信"系统主要包括办公自动化和员工管理（签到、请假等日常行为）两方面。虽然这些系统还在试运行阶段，但师生的满意度还是很高的，它使整个校园生活和管理更加便捷。

同时，这些系统每天也都会产生很多数据，数据管理建设刚刚起步，如何收集、处理和加工这些数据，以及后期在学校管理中如何利用这些数据来完善优化管理方法、

减少不必要的管理流程等问题都很有必要去深入研究。因此，我们可以进一步完善这些系统，加强智慧校园建设，增加新的、必要的软硬件模块，让数据真正能为我所用，形成有效的表单和数据关联，使其科学有效地指导我们的管理工作。

总之，教育信息化2.0时代已经到来，"互联网+教育"将进一步深化，而中小学智慧校园建设也即将全面展开，我们需要快速而有效地推动数字化校园向智慧校园转型。同时要在摸索的途中不断反思、不断创新，采取强有力的措施去支持智慧校园可持续发展，并结合学校环境和不同学生的实际情况，充分运用大数据、云计算、虚拟现实、精准分析等智能技术，把智慧校园、智慧教育做大做强，但也要避免因技术发展而导致的师生、生生情感交互的缺失。

# 参考文献

[1] 陈惠娟，万叶华．实现"高原期"教师转型的学校管理机制再造[M]．上海：同济大学出版社，2018．

[2] 冯东黎．教育者的香格里拉 学校管理的艺术与探索[M]．成都：四川人民出版社，2012．

[3] 高英华，孔祥顺，段琳．校园文化与学校管理[M]．延吉：延边大学出版社，2019．

[4] 龚文冲，叶向前．托管之路 学校管理随笔[M]．上海：上海教育出版社，2016．

[5] 顾明远．学校管理[M]．北京：长安出版社，2003．

[6] 郭振武．学校管理[M]．北京：中央广播电视大学出版社，2000．

[7] 赖怡．学校发展与班级管理[M]．昆明：云南大学出版社，2017．

[8] 卢晓中．学校管理案例研究[M]．广州：华南理工大学出版社，2018．

[9] 吕维智．学校管理的理论与经典案例[M]．北京时代华文书局，2017．

[10] 默梵．学校管理的艺术[M]．沈阳：万卷出版公司，2014．

[11] 瞿梅福．学校管理生命化的实践[M]．杭州：浙江大学出版社，2017．

[12] 石场，李雯，王绪池．学校管理的规范与创新[M]．重庆：重庆大学出版社，2010．

[13] 万玮．学校管理的本质[M]．上海：上海教育出版社，2019．

[14] 王红顺．学校管理创意策划60例[M]．济南：山东文艺出版社，2016．

[15] 王苏玉．学校管理的知与行[M]．吉林出版集团股份有限公司，2019．

[16] 王鑫，方晓东．学校管理问题研究[M]．郑州：大象出版社，2010．

[17] 翁文艳．学校管理的50个细节[M]．福州：福建教育出版社，2012．

[18] 吴盈盈．学校管理智慧 管的艺术[M]．济南：山东文艺出版社，2011．

[19] 杨江峰．学校管理经典案例分析点评[M]．福州：福建人民出版社，2020．

[20] 姚晓峰．学校管理理论与实务[M]．兰州：甘肃人民出版社，2011．

[21] 原硕波，宋大力，马蓉．学校管理与实践[M]．海口：海南出版社，2007．

[22] 张旭．学校管理漫谈[M]．北京：光明日报出版社，2016．

[23] 赵万东．学校管理及其创新策略研究[M]．北京：北京工业大学出版社，2019．

[24] 朱世统．和谐学校管理[M]．重庆：重庆大学出版社，2010．